张岂之　叶国华　主编

中国传统文化经典语录

天下大同

韩星　编撰

西安出版社

图书在版编目（ＣＩＰ）数据

天下大同／韩星编撰. —西安：西安出版社，2012.3
（2019.1重印）（中国传统文化经典语录）
ISBN 978-7-80712-419-1

Ⅰ. 天… Ⅱ. 韩… Ⅲ. 传统文化—中国—通俗读物
Ⅳ. K203-49

中国版本图书馆 CIP 数据核字（2008）第 078007 号

中国传统文化经典语录　天下大同

主　　编：张岂之　叶国华
编　　撰：韩　星
出版发行：西安出版社
社　　址：西安市长安北路 56 号
电　　话：（029）85253740
邮政编码：710061
网　　址：www.xacbs.com
印　　刷：山东润声印务有限公司
开　　本：660mm×1000mm　1/16
印　　张：10.25
字　　数：131 千
版　　次：2012年3月第2版
　　　　　2019 年 1 月第 3 次印刷
ISBN 978-7-80712-419-1/K·39
定　　价：16.00 元

序

张岂之

在《中国传统文化经典语录》系列丛书与读者朋友见面之际,我想简要说明一下有关情况,作为这套丛书的总序。

一

从上个世纪末开始,随着我国在经济和社会发展上取得举世瞩目的成就,中华文化日益受到国内外各界人士的关注。中华文化典藏浩如烟海,要进入这座精神宝库,殊非易事。近年来,我国学人们在研究:如何在深入研究的前提下,准确地向公众普及中华文化?我国不少专家学者写出了阐释中华文化的著作,其中有学术提高性的,也有通俗普及性的。学术性与普及性如何结合得更好,大家正在探索中。这也引起身在海外学者的重视,余英时先生在北京出版的《中国文化》杂志 2008 年春季号"学人寄语"中说:"中国人文研究的'提高'和'普及'是一项不可分割的迫切任务,承担它的不仅是'普及'作者,人文专家同样义不容辞。"

我对此是深有体会的。十多年前,我在清华大学、西北大学等高校为学生作讲演,讲中华文化悠久丰富的人文精神,当时尝试在文化研究与普及上做些工作。我将中华人文精神扼要地概括为若干方面,以可靠的资料做基础,力求加以切实的解剖和分析,为年轻学子和读者朋友提供关于中华人文精神的知识,想给人们在塑造高尚的精神世界、培育健康的审美能力时以助益。我主编的季刊《华夏文化》也是进行文化研究与普及相结合的园地,在近二十年的办刊实践中一直保持这个特色。当然,和其他学人一样,我也深切地感受到在高深的学术研究与通俗的文化普及之间进行沟通的艰辛。多年来国内人文学者对这些问题进行了研究,并在学术研究的基础上不断探索,陆续出版了一些受专业学者和文化爱好者欢迎的著作。

学术研究与文化普及似乎只是内容和形式的问题,实际上,远没有这样简单。文化普及工作,除要求文字表达简明准确、生动活泼之外,在内容上也要有深入的研究,学者可以通过简明的文字将自己的研究心得传达出来,让更多的读者受益。在这个方面,要重视"深入浅出":只有"深入",有了研究心得,内容才有价值;只有"浅出",文字简洁、生动,才能吸引广大读者。还有更深一层的意义,就是关于建设我国现实主体文化的问题,其中绝对不可以缺少的,应当是祖国优秀传统文化的继承和发扬,经过新的介绍和阐释,以便在现代公民中普及现实主体价值观。这是一项很有意义的工作,当然,这一建设需要从普及和提高两个方面去做。可见,文化普及性的工作在中华文化的弘扬中意义重大。只有当人们理解到自己的工作是与建设现实主体文化相联系的时候,才会感到工作具有重要的意义。

二

2007年上半年,负责西安市理论宣传工作的王军先生向西安出版社提出倡议,希望由我和香港的叶国华先生共同担任主编,选编、出版一套力求普及和提高相结合、又以普及为主的《中国传统文化经典语录》。当西安出版社负责人向我说明这个计划后,我觉得很好。为什么要提"普及与提高相结合"?这意味着被邀请写稿和审稿的人,需要有关于中国传统文化的学术素养,进行过有关这方面的学术研究,这样,他们做普及工作才有根底,在科学性上才有保证。为什么又要强调"以普及为主"?因为这套丛书是建立在学术研究基础上的文化普及读物,主要面向具有中等以上文化水平的读者群,在关于中华人文经典的阐释上,要使读者们能够看懂,并且能读出兴趣来，这样才能普及中国优秀传统文化，从而让它在现实社会中滋润人们的心田。

这套丛书从确定编写方案到编辑出版，历时一年多。期间，由西安出版社社长张军孝先生召集，先后开了几次会议，研究编写方案、初审情况和提高稿件质量等。关于编写中的主要问题，我都参与了意见，多数稿件在初审和复审后，我都看过，而且写出了再修改的一些建议。在工作过程中，叶国华先生以及香港耀中出版社的同行也通过西安出版社提出了若干建议和意见。

本丛书第一批共 12 本，包括《天人之际》《道法自然》《生生不息》《居安思危》《以民为本》《仁者爱人》《慈悲为怀》《养生有道》《明德至善》《诚实守信》《天下大同》《和而不同》。它们是中国古代思想家论著的选编，分别考察了中国古代关于天人关系的基本认识及其对人类政治伦理生活和社会理想的影响，大体能够反映中国传统文化的经典性、民族性，是中华文化的主要构成部分，今天的学人加以阐释，体现时代性，成为构建中华民族精神家园的重要思想资料。

《天人之际》，编撰者是陕西师范大学政治经济学院许宁副教授和硕士研究生郭荣芳。天人关系是中国古代哲学的基本问题之一。中国学术文化中对于"天人之际"的艰苦探索，成为探讨个体生命价值及其与自然及社会联结的理论基石。"天人之际"不仅包括"天人合一"的观念，而且包括"天人相分"、"天人交胜"的认识，它们从不同角度论述了人与自然怎样才能达到和谐的境界。

《道法自然》，编撰者是西北大学中国思想文化研究所郑熊博士。道法自然，是道家思想的核心内容，对今天反思和处理环境问题有深刻的思想启迪。它强调一切都要顺应自然、自然而然，反对人强行妄作。"顺应自然"的理论观点被运用到社会生活的各个方面，用来处理人与人、人与万物的关系，有助于实现人、社会、自然的和谐与可持续发展。

《生生不息》，编撰者是西北大学社会科学系付粉鸽博士。生生不息是中华文化的基本特质之一，它塑造了中国人独特的精神面貌，赞颂了人的生命尊严，展现出民族的自强不息精神，它也是中华文化保持长久活力、绵延不绝的内在原因。古人认为阴阳之间的相互作用是天地化生的推动力，这种辩证思维具体表现为"有对"精神、"会通"精神和"中和"精神。

《居安思危》，编撰者是西北大学中国思想文化研究所陈战峰博士。《左传·襄公十一年》："《书》曰：'居安思危。'思则有备，有备无患。"它是中国以儒道两家为主干的"百家之学"的共同认识。它从事物变易转化的高度观察和审视自然与社会的发展，提醒人们关注治乱、兴衰的转换，提高预察事物的认识和能力，树立常备不懈的忧患意识。"生于忧患，死于安乐"，反映了人们以史为鉴、努力实现长治久安的自觉性。

《以民为本》，编撰者是陕西师范大学文学院周淑萍副教授和硕士研究生王夏红。以民为本是中国古代思想家的共识，如儒家、墨家、道家、法家、兵家、杂家等。它在本质上是君主制下的爱民、重民、保民、富民、乐民的观念。以民为本的思想贯穿于中国古代思想文化史的全部，一定程度上体现了对百姓的关怀，在中国古代政治实践中发挥过重要作用。

《仁者爱人》，编撰者是陕西师范大学历史文化学院韩星教授和硕士研究生杨永亮。"仁"是儒家思想的核心观念，也是中国古代伦理道德的宗旨和根本。孔子阐述"仁"的基本内涵是"爱人"，儒家主张从爱自己的亲人开始，然后推广去爱别人。"老吾老以及人之老，幼吾幼以及人之幼"，孟子的名言成为中华民族精神的生动表述。

《慈悲为怀》，编撰者是西北大学中国思想文化研究所宋玉波博士。"慈悲为怀"是佛教教义，其哲学基础是缘起理论，力求从事物的普遍联系中去看世界万物。它体现出鲜明的人文关怀与深沉的宗教情怀，是对人类常情的一种升华与超越，不断激励人向善，同时也表达了人们对美好生活的向往，对建设美好和谐的人间社会具有激励意义。

《养生有道》，编撰者是陕西省社会科学院宗教研究所张应超研究员。中国医药学与养生学是优秀传统文化中的重要组成部分，具有悠久的历史。"人命至重，有贵千金"，尊重生命成为中国医药学和养生学的核心观念。古代思想家大多认为人的寿命长短与个人的修养功夫有关，重视德行，知足常乐，淡泊宁静，养气保神，注重饮食起居，导引按摩，从而使养生成为身体与精神相协调的具体行动。

《明德至善》，编撰者是西安文理学院王美凤教授。《礼记》中的《大学》篇强调"明德"、"亲民"、"止于至善"三纲领，"明德"是一个长期的学习、修养的过程。古人不断追求和践行君子之道，通过修身养性使精神达到至高的境界。在中国传统文化中，人人皆可以成为圣贤，不靠天赋，也不靠家庭门第，而是要凭借自身的精进努力，充分彰显了后天学习的重要意义。

《诚实守信》，编撰者是西北大学中国思想文化研究所李江辉博士。"诚""信"是古代思想家对天道与人道相互关系进行总结和理论概括的成果之一。《礼记》中的《中庸》篇称"诚"为天道，称向"诚"学习为人道，可见，人道就是使"诚"得到实现，并成为人的行为准则。诚信强调名实相符、言行如一，包括诚实和守信两个方面，它们也是人道德品质的一种表征。

《天下大同》，编撰者是陕西师范大学历史文化学院韩星教授。《礼记》中的《礼运》篇比较完整地提出了关于"大同"社会的理想。"大同"社会以"天下为公"为最高准绳，它不同于"天下为家"的社会。虽然"大同"理想主要源于儒家，但是它也同时吸收了墨家和道家的某些思想，是中国古代"和而不同"文化精神的结晶。

《和而不同》，编撰者是陕西师范大学历史文化学院韩星教授。"和而不同"的"和"是指多样性的统一，是建立在异质性基础上的。而"同"则是同质性的一致，是没有生命力的同一。"和而不同"思想贯穿于中华文化发展的始终，又渗透到中国文化的各个方面。在"和而不同"思想指引下，中华民族不断创新，保持了旺盛的生命力。今天，"和而不同"思想仍是我们建设美好社会的指导性思想。

丛书各册均围绕一个主题，根据编撰者对相关历史文化及思想家语录的梳理分析设置章目。体例由导读、原文、今译、时析、参考文献组成，个别字句适当加以简要注释。"导读"介绍各分册的主要内容和编撰者的研究心得，它有助于读者了解各专题的思想要点和编撰情况。"原文"所选条目范围比较广泛，涉及经史诸子典籍，力求言简意赅，具有理论性。不少条目能够体现中国传统文化的核心价值观念，也具有普世价值，对当今现实世界具有借鉴意义。"今译"力求准确流畅，通达雅洁。"时析"是本丛书的特色之一，侧重阐述中国优秀传统文化的现实意义。

三

参与这套丛书编撰工作的学者,最年长的是陕西省社会科学院张应超研究员,他长期从事中国古代养生学的研究;其余都是中青年学者,大多数具有历史学专业的博士学位,经历过良好的科学研究训练,撰写发表过学术论文,目前在高校从事中国思想文化和中国哲学等专业的科研教学工作,具有承担相关主题编撰任务的学术素养和能力。

各册初稿完成后,都经过初审、复审、终审三个阶段。初审工作主要由西北大学中国思想文化研究所谢阳举教授负责。在初审意见基础上修改后的二稿,则进入复审环节,主要由陕西师范大学政治经济学院刘学智教授、西北大学中国思想文化研究所方光华教授、西北大学中国思想文化研究所谢阳举教授、陕西师范大学历史文化学院韩星教授分别承担。在复审意见指导下对二稿进行修改斟酌,形成三稿,进入终审环节。多数稿件经过我审阅,并对所阅分册分别提出具体意见,少数分册由陕西师范大学国际汉学院陈学超教授审定。通过终审的稿件,再加以润色调整,移交西安出版社。出版社对这套丛书的出版工作进行了精心的布置和策划,每个分册安排有专门的责任编辑负责编辑和技术处理工作。此外,这套丛书先行在内地出版中文本,再由香港的叶国华先生负责主持,译成英文,形成中英文对照本,以便在海外发行。

应该指出的是,编撰一套较好的、分量不大、可读性较强的《中国传统文化经典语录》,并非易事,这项工作还需要不断积累经验、提高水平,才能做得更好。

我诚恳地希望这套丛书能够贴近大众生活,为读者们学习中华文化提供一些便利条件,至于其中的错误和不足,请读者朋友们批评指正。

2008 年 6 月

序

叶国华

《中国传统文化经典语录》，经编撰团队同仁辛勤不懈的努力，终于出版面世。2007 年春天王军先生提出这个倡议，得到张岂之先生和我的赞同。随后，我们在丛书编选方式上很快达成了一致，包括按主题选材，采取今译时析的体例，等等。负责编撰审校的各位学者付出了大量心血，岂之先生住院期间和康复出院在外地出差过程中，仍经常关心过问编撰进度和质量，通过多种方式提出指导性的意见。丛书在队伍组织上的一个特色，使得香港的耀中教育机构的学者也参与了工作，希望对中国传统文化的阐释，拉扩一些现代普世价值的视角，并在将来的海外出版中，担当一个中西沟通的桥梁作用。

参与这项重要工作，给了我们一个很好的学习和思考的机会，对我这个香港人更有着特别一些的意义。我生在二战时的殖民地，知事时适逢抗战胜利，中国位列战胜国五强，自幼便感受到强烈的民族主义、爱国主义的环境。此后的政治环境变化迅速，我们这一辈人在成长中又经历了国家政治经济形势起伏变迁的深刻影响；但因身在境外，有机会相对稳定地学习与生活，当然也有身处殖民地的抗争与曲折，但总的来说可以有一个自由思索的环境，故在对祖国保持深爱的同时，也对日常学习、工作、生活中反复出现的连串问题常进行思考，如：为何中国能强大两千年，而近代以来又衰落而沦为殖民地半殖民地？近三十年，中国终于走上了和谐社会、和平发展的道路，但此后中国与世界互动的过程与效果如何？一个发展中的大国全面崛起后，中国人将在世界上展示什么形象？中国在世界上人口占如此大的比例，我们对这个星球及她所承载的人类万物能有同比例的爱护与贡献吗？九百多年前张载就提出民胞物与，届时人们还有此理解与抱负吗？传统文化经典中蕴藏着大智能，从中撷取那些闪烁着永恒之光的金石良言，温故而知新，对我们思考这些问题是会有不少启迪的。

我们在承传与创新传统文化中，也要有世界的视野与责任。中国的"崛起"，客观上就动摇了世界的原有秩序，引起原秩序得益者的种种回应是不可避免的。问题在于我们如何调整自己，循序渐进，加强沟通，学习别人，介绍自己，还要对原有秩序有建设性的调适与尊重。二百年来，我们看世界特别是西方，与中国是对立的关系，到了新时代，这种对立应成为包容，即"世界的中国"，"中国的世界"。对于中华文化，中国人要有爱、温情与敬意，也要在比较与认知的基础上，有建设性、批判性的新解，找出与全球价值接轨的内容，让全人类都有所了解、有所融会，才能参与回应21世纪全球人类的共同问题。中国人对世界其他文明体系、文化与价值观亦应持了解、欣赏、学习、借鉴的态度。今天，世界各种文明已走向休戚与共的整体，中国也已是世界的一部分，作为达成世界良治的利益相关者，中华民族已成为世界人民与地球万物的成比例的造福者。我们出版《中国传统文化经典语录》，也希望在中华文化与当代世界文明的对话中发挥应有的作用，做出自己的贡献。

孔庙大成殿有匾额"中和位育"，这是我近来常提到的一个哲理，它对个人、机构、社会、国家都极有指导价值。好的文化与制度，就在于为人在世界找到适应的位置与关系，同世界和谐相处，才能健康地生存与发展。经过百年屈辱的中国，在取得诸如经济腾飞、成功举办奥运等成就后，要的也是"中和位育"，不强出头，泰然处于大千世界而达至"天地位焉""万物育焉"的"中和"之境。这也是对传统文化的一点新解吧！

中华经典博大精深，无论我们多么认真细致，倾力以赴，编撰当中的疏漏也在所难免；更因以今人认知加以选择诠释，则难求全，故只算是抛砖引玉，开一个头，以求对中国传统文化的学习与发扬作一个新的尝试。

2008 年 6 月于香港清水湾

导 读

千百年来,中国历代思想家和政治家、志士仁人都在苦苦追寻大同理想。关于"大同"一词,最早见于《尚书·洪范》:"时人作筮,三人占,则从二人之言。则有大疑,谋及乃心,谋及卿士,谋及庶人,谋及卜筮,汝则从,龟从,筮从,卿士从,庶民从,是之谓大同。"这里的"大同",是商代少数服从多数的朦胧民主思想。《庄子·天下》也载有名家惠施的话:"大同而与小同异,此之谓'小同异'。"当然,这里所谓"大同"系诡辩论层面的抽象术语,缺乏社会历史的具体内涵。"大同"一词又复见于《庄子·在宥》:"颂论形躯,合乎大同,大同而无己。"这里的"大同"是指天地万物为统一整体,这是道家对理想人格的追求,还不是对理想社会的构想。后来,儒家《礼记·礼运》中明确提出"天下为公"的大同思想,才是真正意义上的理想社会构想。这一思想源远流长,从古代的孔子、孟子,到近现代的康有为、孙中山,都曾提倡这样的思想,进行过这样的努力。

关于中国大同思想的发展脉络,陈正焱和林其锬二人所写的《中国古代大同思想研究》一书大致归纳为六个类型:

(一)依托远古,向往原始社会,用"现有的观念材料"进行加工和美化,勾画出大同社会的美妙蓝图。道家的"小国寡民""至德之世"以及儒家的《礼记·礼运》等都属于这一类型。

(二)人间的社会追求采取了非人间的境界。许多宗教家的思想都采取了这种形式。比如佛家的"净土""极乐世界",原始基督教的"天国",道教的"仙境"等等。

(三)用形象的语言塑造出大同社会的意境。小说家和诗人的作品,诸如陶渊明的《桃花源记》,以及李汝珍《镜花缘》中的"君子国"等等。

(四)政治家、社会改革家和历史学家,对社会方案的制订。比如战国时期的孟子,东汉何休、北宋张载等对井田制的规划,战国时期农家许行的"君臣并耕",魏晋时期鲍敬言的"无君无臣"等等社会设想。

(五)类似西方空想社会主义者(傅立叶)创办"法朗吉"所进行的社会实验。如东汉张鲁举办的"义舍",明代何心隐创立的"聚和堂",以及禅宗的"禅门规式"等等。

(六)农民起义提出的行动纲领和斗争口号。例如唐代黄巢、王仙芝的"均平""天补",宋代钟相、杨幺的"等贵贱,均贫富"。

中国古代社会理想的出现前提往往是对社会现实的不满。关于社会阶级对立和阶级对立意识的清晰表达,在西周时代就已经出现,这可以从《诗经·魏风》中的《硕鼠》《兔爰》中看出。

春秋末到秦汉之际是中国古代社会制度发生剧烈变动的时期。在这样一个天下大乱而思想自由、士人活跃、制度转换的历史时期,产生出各种各样的关于理想社会的设计。

老子从大道自然的角度对现实社会进行否定和批判,提出了"小国寡民"的社会理想。许多互相隔绝的"小国",从事着农业生产以维持生存,没有文字,尽量不使用工具,满足于简陋低下的生活,同外部世界没有联系,即使对"鸡犬相闻"的"邻国"也"老死不相往来"。这实际上是一种历史倒退的幻想。

在儒家经典著作《礼记》中,就曾对孔子理想中的"大同"世界作过美妙的阐述:没有私有制,人人为社会劳动而不是"为己";老弱病残受到社会的照顾,儿童由社会教养,一切有劳动能力的人都有机会充分发挥自己的才能;没有特权和世袭制,一切担任公职的人员都由群众推选;社会秩序安定,夜不闭户,道不拾遗;对外"讲信修睦",邻国友好往来,没有战争和国际阴谋。这样一个美好的理想境界,既深刻反映了当时人们的社会向往,又反映了孔子远见卓识的思想境界和伟大的政治抱负。《礼记》还描写了"小康"社会,那是人类社会刚刚迈入私有制时代的一个靠礼义等国家法律制度和道德规范来维持秩序的社会。大同小康、天下一家以其理想主义的光辉对后世产生极大影响,并且由于历代先进中国人的发展与践行,使中国理想社会的探求在历史长河中赓续不绝。

墨子及其后学则提出了兼爱天下的社会思想。在他看来,世界的纠纷是由于人们不能相爱交利,于是产生种种贼害之事。只要爱别人,利他人,他人也就会爱你,利你,这样世界就和谐了。由兼爱出发,进而还应做到有力气的对社会要出力气,有财产的对社会要分财产。兼爱天下在那个时代显然也只是一种美好的幻想。

在先秦思想家里有一位被后代视为兵家的尉缭子,从军事家的眼光看政治得失,竟然也认为是私有造成了社会的灾难,纠正的办法就是实行共有。

相传,姜尚所作的《六韬》虽然是兵书,但是也能够从治理天下的角度论证战争的正义性,也表达了它对理想社会的理解。

《吕氏春秋》反对家天下的专制统治,喊出了"天下,非一人之天下也,天下之天下也"这一响亮口号。这在古代思想史上是一个突破。可惜的是,作者却没有进一步提出让天下人自己来治理天下。

农家提出君民并耕的社会理想,幻想人人劳动,没有剥削,自给自足,没有欺诈,没有分工,连君主也和人民"并耕而食"。

庄子和后代的一些道家、道教对人的异化、社会的异化,感到深深地忧虑和不屑,沉浸在自己幻想的世界里,道法自然,超越现实,逍遥天地。他们相继提出了至德之世、至人之治的社会理想。

秦汉以后,思想家、政治家对理想社会设计依然不绝如缕,其表现形式是绝大多数知识分子将社会理想愈加神化和虚无化。他们面对尖锐的社会矛盾,在传统政治的框架内,找不到解决的办法,于是把对现实的不满、厌弃寄托到上古虚无缥缈的理想国去了。他们尽管可以驰骋想象,批判现实,对当权者进行道德说教,但没有任何人能够提出通向理想王国的途径是什么。

五代时期道教学者谭峭在其所著《化书》中提出建立一个无亲、无疏、无爱、无恶的"太和"社会的理想。

陶渊明的《桃花源记》在中国大同思想发展史上有特殊重要的地位。但由于本书体例不收录文学作品,所以没有收录。

历次农民起义把贵贱平等、上下同一当做自己的旗帜,并为大同理想的实现进行了不屈不挠的斗争。东汉末年的张鲁利用宗教作为号召,凡入教者皆出五斗米,是财产充公,同时办"义舍"、置"义米""义肉"。唐末王仙芝起义后自称"天补均平大将军",北宋王小波、李顺公开提出"吾疾贫富不均,今为汝均之",南宋钟相、杨幺明确提出"我行法当等贵贱,均贫富",明末李自成公开提出"均田免粮"的口号等等。将完整的大同理想当做自己的斗争纲领和奋斗目标的,还有清末的太平天国农民起义,他们制定的"天朝田亩制度",吸收基督教义中的平等思想,试图建立一个有田同耕、有饭同食、有衣同穿、有钱同使、无处不均匀、无处不饱暖的世界。但这种绝对平均主义，在现实生活中实际上是行不通的。

鸦片战争以后，传统大同理想与西方传来的自由、平等、博爱观念和空想社会主义思潮结合在一起，形成了大同理想的近代形态。康有为继承发挥了中国传统儒家的大同理想，吸收近代资产阶级的思想和制度，在《大同书》中揭露了人世间由于不平等而产生的种种苦难和悲惨，提出去"九界"：国界、级界、种界、形界、家界、产界、乱界、类界、苦界，认为只有这样，人类才能从"据乱世"进入"升平世"，最后实现"太平世"即"大同世"，过上自由、平等、和平、民主的幸福生活。谭嗣同也深受康有为的影响，提出了有关大同理想的主张，认为要谋求学、政、教统一来实现世界大同。

我国近代伟大的革命民主主义政治家、思想家孙中山的大同理想更具有近代形态，内容丰富，只是由于他的大同理想属于现代史，按本书的体例没有选。

以李大钊等为代表的早期马克思主义者把中国传统大同思想建立在唯物史观的科学基础之上，推动大同理想从空想到科学的转化，但由于其属于现代史，按本书的体例没有选。

公平太平似乎是所有学派都期望的大同社会的基本原则和价值标准，面对统治者政治专制的加强，社会腐败的难以治理，思想家和有胆识的政治家对公平太平进行了多角度、多层次的探讨。

天下为公、世界大同，是千百年来中国人民为之不懈奋斗的理想和信念。今天，在全球化时代，我们以新的视角审视这一理想，可以说，是中国最早赋予全球化和人类社会发展规律本质内涵的优秀文化传统。孔子提出大同理想跟柏拉图的《理想国》和莫尔斯的《乌托邦》相比有自己的特点，今天我们诵读《礼记·礼运》，好像是跨越二千五百年跟先师孔子面对面访谈全球化问题。

中国传统文化中的大同思想不可避免地有很大的历史局限性，但是，浸润在中国优秀文化传统"大同"思想中的全人类之间那种不分贫富贵贱，充满真正的自由、平等和博爱的崇高理念和精神，则体现了人类社会发展的最终必然归宿，是全人类的共同财富，也应当是当今全球化核心内涵中最可宝贵的东西，并值得我们继承和弘扬。

中国古代思想家、政治家所孜孜以求的以大同理想为主体的理想社会是一个持续稳定、公正平等、文明和谐的社会。今天，我们正在构建和谐社会，建设具有中国特色的小康社会，要继承中国古代的大同小康的基本思想和理念，同时结合当代人类文明的丰富成果，立足传统，延续命脉，面向世界，建设小康，走向大同。

韩　星

2008 年 2 月于陕西师范大学

天下大同

目　录

天下大同

向往乐土

　　硕鼠硕鼠①，无食我黍！三岁贯女②，莫我肯顾。
逝将去女③，适彼乐土。乐土乐土，爰得我所④！
　　硕鼠硕鼠，无食我麦！三岁贯女，莫我肯德⑤。
逝将去女，适彼乐国。乐国乐国，爰得我直⑥！
　　硕鼠硕鼠，无食我苗！三岁贯女，莫我肯劳⑦。
逝将去女，适彼乐郊。乐郊乐郊，谁之永号⑧？
（《诗经·国风·魏风·硕鼠》）

【注释】

　　①硕鼠：肥大的鼠。这里用来比喻贪婪成性的统治者。②贯：侍奉。三岁贯女：就是说侍奉你多年，三岁言其久。女：通"汝"，指统治者。③逝：读为"誓"，发誓。去女(汝)：离你而去。④爰：于是。所：指可以安居之处。⑤德：施恩惠。⑥直：通"值"。得我直：使我的劳动得到相应的价值，即有报酬。⑦劳：慰劳，慰问。⑧之：犹"其"。永号：犹"长叹"。末二句言既到乐郊，就再不会有悲愤，谁还痛哭长号呢？

【今译】

　　大老鼠呀大老鼠，不要吃我种的黍！多年辛苦养活你，我的生活你不顾。发誓从此离开你，到那理想新乐土。新乐土呀新乐土，那里才是安居好去处！
　　大老鼠呀大老鼠，不要吃我种的麦！多年辛苦养活你，我的恩德谁记得。发誓从此离开你，到那理想新乐国。新乐国呀新乐国，那里劳动才有价值！
　　大老鼠呀大老鼠，不要吃我种的苗！多年辛苦养活你，流血流汗谁慰问。发誓从此离开你，到那理想新乐郊。新乐郊呀新乐郊，那里谁还会痛哭长号呢？

【时析】

　　这首诗，很多人都耳熟能详，千百年来传诵不衰，是大同思想最早的文字记载和文学表现。诗中的"乐土""乐国""乐郊"这些称谓都是人们厌恶剥削压迫、向往自由平等的一种理想社会的朴素表达,这种表达与大同社会理想的基本精神是一致的。诗中以汝、我对照:我多年养活汝,汝却不肯给我照顾,给予恩惠,甚至连一点慰劳也没有,从中揭示了汝、我关系的对立,基本的诉求是以人为本的,是渴望对人的关怀和爱护的。这里所说的汝、我,都不是单个的人,应扩大为你们、我们,所代表的是一个群体或一个阶层。后四句特别带有强烈的感情,"逝"字喊出了他们的心声,表现了诗人决绝的态度和坚定的决心。尽管他们要寻找的安居乐业、不受剥削的人间乐土,只是一种幻想,现实社会中是不存在的,但却代表着他们对美好生活的憧憬。只有人民心中的乐土,才是光明、温暖、幸福的。

　　　　有兔爰爰①,雉离于罗②。我生之初尚无为③,我生之后逢此百罹④。尚寐⑤,无吪⑥!

　　　　有兔爰爰,雉离于罦⑦。我生之初尚无造⑧,我生之后逢此百忧。尚寐,无觉⑨!

　　　　有兔爰爰,雉离于罿⑩。我生之初尚无庸⑪,我生之后逢此百凶。尚寐,无聪⑫!（《诗经·国风·王风·兔爰》）

【注释】

　　①爰爰:犹"缓缓",即悠然自得的样子。②离:陷。罗:罗网。③生之初:生之前,这里指上一代人。为:事,一说劳役、兵役。④罹(lí):忧愁、苦难。⑤尚:同"庶几",意为也许可以,表示希望。寐:睡。⑥无:通"毋"。吪(é):动,一说讲话。⑦罦(fú):一种装有机关能自捕鸟兽的网,又名覆车网。⑧造:营造。一说劳役。⑨觉:醒、知觉,此处含有看的意思。⑩罿(chōng):捕鸟的网。⑪庸:通"用",指徭役。⑫聪:听闻。

【今译】

　　兔子逍遥自在,山鸡却陷进罗网。我上一代人还不用为官府当差,待我来到这个世上就遭遇许多苦难。也许可以永远睡着,不再讲话!

　　兔子逍遥自在,山鸡却陷进覆车网。我上一代人还不用为官府服劳役,待我来到这个世上就遭遇许多忧愁。也许可以永远睡着,不再醒来!

　　兔子逍遥自在,山鸡却陷进鸟网。我上一代人还不用为官府劳碌,待我来到这个世上就遭遇许多欺压。也许可以永远睡着,不再听见!

【时析】

　　《兔爰》通过对自由的兔子与陷入罗网的山鸡作的鲜明对比,抒写人生的苦难和社会的黑暗,控诉统治者对人民的奴役和压迫,缅怀"我生之初"时的生活:不用当差,没有劳役,没有负担,生活就像兔子一样自由自在。但是,不幸遭遇的是多事之秋,苦难、忧愁、欺压接踵而至。对过去的向往是虚幻的,所以只好去梦中寻求暂时忘却,期望长眠不醒。每段诗的末句表明:在诗人的心目中,美好的日子已经永远成为过去,眼前是黑暗的,而未来更是渺茫。

小国寡民

　　小国寡民，使有什伯之器^①而不用，使民重死而不远徙^②。虽有舟舆^③，无所乘之；虽有甲兵^④，无所陈之；使民复结绳而用之^⑤。甘其食，美其服，安其居，乐其俗^⑥。邻国相望，鸡犬之声相闻，民至老死不相往来。（《老子》第八十章）

【注释】

　　①什伯之器：有几种解释：一说什就是什物，什伯之器就是众多的各式各样的器具；二说什伯之器即十百人之器，即一人用的等于十人百人用的器具，也就是功能很大的器具；三说是兵器。此处从第一义。②重(zhòng)死：看重死亡，即怕死，爱护生命。徙：迁移、搬家。③舟：小船。舆：车辆，尤指马车。④甲：铠甲。兵：兵器。⑤复：再。结绳：用结绳的办法来记事。⑥俗：风俗，习俗。

【今译】

　　国家小，人民少。虽有各式各样的器具而不用，使人民看重死亡(爱护生命)而不迁徙。虽有车船，而没有乘坐的必要；虽有铠甲、兵器，而没有地方布阵；使人民再用(远古时代)结绳记事的方法。(使人民)以自己的食物为甜美，以自己的衣服为美观，以自己的住所为安适，以自己的习俗为欢乐。相邻之国彼此望得见，鸡鸣犬吠之声互相听得到，人民到老死也不相往来。

【时析】

　　老子在总结历史、检视现实的基础上提出了他对于理想社会的构想。针对当时礼崩乐坏的社会现实他表示了强烈的不满，对人民的苦难深为同情，转而反对礼乐，批判社会。他依据自己的思想理路，孜孜以求重现大道盛行的上古社会，认为在这样的社会里，不用可供百十人使用的器具表示没有发达的社会分工，不用车船表示没有需要交通来进行交换，不用武器表示没有各种战争的发生，甚至作为社会文明进步标志的文字也没有。人们完全处在一种自足自乐、浑然淳朴的状态。在这里，社会交往不复存在，知识、智慧、欲望等被彻底拒之门外,甩掉舟车,抛弃甲兵,人民恢复结绳记事,这种其乐融融、恬静自然的农家生活与嘈杂纷乱、尔虞我诈的社会现实形成了鲜明对照。老子提出的"小国寡民"的理想社会模式,固然表达了破产村社农民的怀旧心理和社会要求,体现了他反对现实、消极避世的政治观和崇古复古的历史观,但其所提出的社会理想中也包含有对现实的批判、对未来的憧憬,自有其积极价值和意义。

> **不尚贤,使民不争;不贵难得之货,使民不为盗;不见可欲,使民心不乱。是以圣人①之治,虚②其心,实其腹,弱其志,强其骨。常使民无知无欲。使夫智者不敢为也。为无为,则无不治。**(《老子》第三章)

【注释】

①圣人:这里指道家的圣人,即得道的圣人,是不言而有言功,不行而有行效,无为而无不为,无功而无不功,无治而无不治的圣人。②虚:这里是指率性虚淡,无是无非,随遇而安,虽外有大千世界,而内心虚旷无垠的一种精神境界。

【今译】

不推崇有才能的人,免得人民竞争;不把难得的货物看得贵重,使人民不去当盗贼;不让看到可以引起贪欲的事物,使民心不被扰乱。因此圣人治理天下,使天下人心里空空的,吃得饱饱的,没有争强逞能的志向,身体棒棒的。经常使人民没有智慧和欲望,使那些有心智的人也不敢妄为。用无为的原则办事,就没有办不成的事。

【时析】

需要特别指出的是,老子这里强调的"常使民无知无欲",被许多人理解为愚民政策,指责老子反知识反智慧,其实这完全是一种误解。老子想要消除的只是那些能够产生社会动乱的尔虞我诈、争名夺利的奸诈巧伪,而不是所有的知识。因此,他的意思其实是希望社会风气能够朴实无华,君王宅心仁厚,民众和谐相处,而不是要让大家真的都变成没有一点知识的傻瓜。所以,老子所说的无知无欲或者愚昧并非是指那种真正的愚昧,而是指一种返朴归真、大智若愚的理想思想境界。

尧时，五十之民击壤于涂①。观者曰："大哉，尧之德也!"击壤者曰："吾日出而作，日入而息，凿井而饮，耕田而食。尧何等力？"（《论衡·感虚》）

【注释】

①击壤：古代的一种游戏。把一块鞋子状的木片侧放在地上，在三四十步处用另一块木片去投掷它，击中的就算得胜。《艺文类聚》卷十一引晋 皇甫谧《帝王世纪》："帝尧之世天下大和，百姓无事，有五十老人击壤于道。"后因此以"击壤"为颂太平盛世的典故。涂：通"途"，道路。

【今译】

尧的时候有五十个老百姓在路上玩着一种击木片的游戏。观看的人说："尧的德行真是太伟大了!"这些玩的老百姓说："我们太阳出来时起来干活，太阳落山时回家休息，自己打井喝水，自己耕田吃饭。尧能有多大的力量来管我们？"

【时析】

这是以尧时代沐浴在德治煦风下老百姓的感受来表达一种对太平盛世的向往。在以农耕为基础的传统社会，只要统治者能够施行仁政，天下和谐，百姓自由自在，淳朴自然，就是理想的社会。

太古时，裸虫与鳞毛羽甲杂处①，雌雄牝牡，自然相合，无男女夫妇之别，父子兄弟之序。夏巢冬穴，无宫室之制。茹毛饮血，无百谷之食。生自驰，死自仆②，无夺害之心，无瘗藏③之事。任其自然，遂其天真，无所司牧④，濛濛淳淳⑤，其理也居且久矣⑥。（《无能子·圣过》）

【注释】

①古人认为世间有"五虫"：即裸虫、鳞虫、毛虫、羽虫、甲虫。裸虫：没有鳞毛羽甲的动物，人就是一种"裸虫"。鳞虫：凡是有鳞的动物叫鳞虫。毛虫：生毛的兽类叫毛虫。羽虫：凡是长羽毛的鸟类叫羽虫。甲虫：凡是有甲壳的动物叫甲虫。②仆：向前跌倒。③瘗藏(yì cáng)：也作"瘗藏"，指殉葬品。④司牧：管理，统治。⑤濛濛淳淳：形容混沌淳朴的样子。⑥理：本为"治"，唐代为避高宗李治的讳以"理"代"治"。居且久：日子过得长久。

【今译】

上古的时候，人与其他动物杂然相处，雌雄牝牡，自然相合，没有男女夫妇的区分差别，没有父子兄弟的长幼顺序。夏天住树巢，冬天入洞穴，没有宫室制度。吃生肉，喝热血，不知道以谷物作为食物。活着时自由地奔跑，死了就自己向前跌倒。人与人之间没有掠夺侵害之心，没有把别人当做殉葬品埋葬之事。一切顺其自然之性，称其天真之心，没有被管理、被统治的感觉，一派混沌淳朴的样子。在这样的治理下，人们的日子才过得长久啊！

【时析】

《无能子》用道家自然主义的观点赞赏这种无差别、无文化、无司牧、"任其自然、遂其天真"的社会秩序和"茹毛饮血，无百谷之食"的社会生活，认为这样的社会才是最理想的，而一切人为的东西都与此相悖，这就不知不觉陷入了倒退的历史观，他所向往的只是一种未开化的、濛濛淳淳的原始社会。更为重要的是，《无能子》在唐末农民大起义的影响下，大胆批判当时的社会政治和伦理，并依据上述观念提出了一系列有强烈现实针对性的政治思想。

天下大同

七

君民并耕

天下大同

昔者舜耕于历山①，陶于河濒，渔于雷泽，灰于常阳。（《墨子·尚贤下》）

【注释】

①舜：中国传说中父系氏族社会后期部落联盟领袖，姚姓，有虞氏，名重华，史称虞舜。相传因四岳推举，尧命他摄政。他巡行四方，除去鲧、共工、饺兜和三苗四人。尧去世后继位，又咨询四岳，挑选贤人治理民事，并选拔治水有功的禹为继承人。相传，舜曾在历山耕耘种植，故有"舜耕历山"之说。

【今译】

从前，舜在历山耕种，在河边制造陶器，在雷泽捕鱼，在常阳烧制石灰。

【时析】

这段话是说舜作为古代圣王，他曾经亲自参加农耕劳动，制造陶器，捕鱼，烧制石灰等，并不像后来的君主那样养尊处优，深居后宫，甚至沉浸女色，好玩，不理政事。表现了平民老百姓对贤明君主的期盼。

禹①稷躬稼而有天下。（《论语·宪问》）

【注释】

①禹：通常尊称为大禹，与尧舜并为传说中的古圣王，又相传为夏王朝的开国君主。稷：即后稷，古代周族的始祖。传说有邰氏之女姜嫄踏巨人脚迹，怀孕而生，因一度被弃，故又名弃。善于种植各种粮食作物，曾在尧舜时代当农官，教民耕种，被认为是开始种稷和麦的人。躬稼：亲身耕种。

【今译】

大禹、后稷都曾经亲自参加耕田种地的事情，后来也都成为天下共主。

【时析】

　　大禹、后稷也都是儒家理想中的圣贤人物,他们都曾亲自耕田种地,后来也都成为天下共主。后来,农家引大禹的事迹以增加他们思想的分量,与儒家、墨家引上古圣王的事迹是一样的道理。

　　陈相见孟子,道许行之言曰:"……贤者与民并耕而食,饔飧^①而治。"(《孟子·滕文公上》)

【注释】

　　①饔飧(yōng sūn):饔是早饭,飧是晚饭。

【今译】

　　陈相有一天去拜访孟子,转述许行的话说:"……贤人应该和老百姓一道耕种而食,一道亲自做饭吃,然后治理国家。"

【时析】

　　这是战国中叶以后出现的农家学派关于社会理想的观点。他们以许行为代表,主要从事农业生产和农业研究,他们与墨子相似,都穿着普通劳动者的衣服,过着俭朴的生活,依靠自己的劳动维持生活。所以,在他们的社会理想中,最反对的是不劳而获。他们提出人人必须劳动,不劳动者不得食成为他们的基本主张。在他们的心目中,真正的贤君,必须与人民同吃同劳动,自己做饭吃,然后治理国家,不用分别谁是统治者,谁是被统治者。农家的这种理想,实质上是农民小生产者对自己落后的经济地位的理想化。

　　神农之世,男耕而食,妇织而衣;刑政不用而治,甲兵不起而王。(《商君书·画策》)

【今译】

　　神农时代,男的耕田吃饭,女的织布穿衣。不用刑法和政令而国家治理得很好,不必动用甲兵而能够做帝王。

【时析】

　　这里以神农时代为例,说明男耕女织的自然经济。那时没有刑法政令的管理,没有战争,神农氏由于其道德品质的高尚而自然被人们拥戴成王。

禹之王天下也,身执耒臿以为民先。(《韩非子·五蠹》)

【今译】

大禹作为天下共主的时候,亲自拿着农具走在民众的前面。

农人力于田(汉画像石)

【时析】

这是以大禹为例,说明即使身为君王,也与民一块儿参加农业劳动,甚至还走在大家的前面。

神农氏夫负妻戴,以治天下。(《尸子》)

【今译】

神农氏的时候,丈夫负釜甑,妻子戴纴器,借以治理天下。

【时析】

指神农氏作为上古的帝王,能够与妻子亲自参加农业、制陶等劳动,以这样的行动为榜样,以达到治理天下的目的。

神农①之法曰:"丈夫丁壮不耕,天下有受其饥者;妇人当年不织,天下有受其寒者。"故身亲耕,妻亲织,以为天下先。其导民也,不贵难得之货,不重无用之物。是故耕者不强,无以养生;织者不力,无以衣形。有余不足,各归其身。衣食饶裕②,奸邪不生,安乐无事,天下和平,智者无所施③其策,勇者无所错④其威。(《文子·上义》)

【注释】

①神农:也称神农氏。在民间传说中被尊崇为中华民族的祖先,他不仅是传授人类播种五谷的农业祖先,也是传授人们尝百草以药治病的医学发明人。②饶裕:富足有余。③施:施展,使用。④错:通"措",施行。

【今译】

神农氏治理天下的方法中说:"成年男子如果不耕作,天下的人就有因他不耕而受饥的;妇女丁壮之年不织布,天下的人就有因她不织而受冻的。"因此,神农氏身体力行亲自耕种,他的妻子也亲自织布,以此来倡导天下的人都重视耕织。人民受到引导,不把难得的奇物看得贵重,不把无用的器物看得多么重要。所以,他们的耕作不加强,就没有办法用来养活生命;她们的纺织不努力,就没有办法遮掩身体。无论有余的还是不足的,各自都归于自身。衣食富足有余,奸佞邪僻就不会产生;平安快乐无事,而天下就会和平安宁,有智谋的人没有地方施展其计策,有勇力的人就没有地方施行其威力。

【时析】

和此段相似的文字又见《淮南子·齐俗训》,强调的是,在古代社会中,如果有一个人不从事直接生产,则社会成员的生活资料的来源,就有一定的减少。这减少对于他们的生活就会有一定的影响,所以国君也要"身亲耕,妻亲织"。这就是说,社会中的每个人都应该劳动,从事于直接生产。天子亲耕、王后亲蚕,本是农业社会君主躬劝天下尽力农桑、表达对农业生产的重视的一项具有象征意义的仪式,其思想来源就是君民并耕。

> 天子亲率诸侯耕帝籍田①,大夫、士皆有功业。是故当时之务,农不见于国②,以教民尊地产也。后妃率九嫔蚕于郊,桑于公田,是以春秋冬夏皆有麻枲丝茧之功③,以力妇教也。是故丈夫不织而衣,妇人不耕而食,男女贸功④以长生,此圣人之制也。
>
> (《吕氏春秋·上农》)

【注释】

①籍田:古代天子、诸侯征用民力耕种的田。相传天子籍田千亩,诸侯百亩。每逢春耕前,由天子、诸侯执未耜在籍田上三推或一拨,称为"籍礼",以示对农业的重视。亦指天

子示范性的耕作。②国：这里指都城之内。③麻枲：指麻的种植、纺绩之事。丝茧：指养蚕缫丝之事。④贸功：换工。

【今译】

天子亲自率领诸侯耕种籍田，大夫、士也都有各自的职事。所以农忙季节，农民不得在都邑出现，为的是教育他们重视农业生产。后妃率领九嫔到郊外养蚕，到公田采桑，因而一年四季都有绩麻缫丝的事情，为的是加强对妇女的教育。所以男子不织布却有衣穿，妇女不种田却有饭吃，男女交换劳动所得以维持生活，这是圣人的制度。

【时析】

古代礼制：天子亲耕，以供祭祀祖宗的谷米；王后亲蚕，以供祭祀祖宗的祭服。这段话强调天子亲耕，王后亲蚕，鼓励农桑，对国民有示范和教育意义。

神农之教曰："士有当年①而不耕者，则天下或受其饥矣；女有当年而不绩②者，则天下或受其寒矣。"故身亲耕，妻亲织，所以见致民利也。贤人之不远海内之路，而时往来乎王公之朝，非以要利也，以民为务故也。人主有能以民为务者，则天下归之矣。（《吕氏春秋·爱类》）

【注释】

①当年：即丁年，丁壮之年。②绩：把麻纤维披开接续起来搓成线，这里指纺织。

【今译】

神农氏教导说："成年男子如果丁壮之年不耕作的，那么天下的人就有可能因此而受饥饿；妇女丁壮之年不织布的，天下的人就有可能因此而受冻。"因此，神农氏自己亲自耕田，妻子亲自织布，以此来显示给百姓谋利益。贤能的人不嫌国内路途遥远，汲汲奔走于时君世主之间，并不是以此谋求私利，而是把百姓的利益当做自己的事情的缘故。君主如果能够把百姓的利益当做自己的事情，那么天下的人就归附他了。

【时析】

《吕氏春秋》引用神农之教,幻想在"贵公""去私"的前提下,实行男耕女织,君民并耕,社会上凡是有劳动能力的人都应该参加农桑生产劳动,连天子、君主及其后妃也不例外。这样,坚持人人参加农业生产劳动,就是一个公平合理的社会。

农祥旦正①,晨集鳅訾②,阳气愤盈③,土木脉发④,天子亲耕于东郊,后妃躬桑于北郊。国非无良农也,而王者亲耕;世非无蚕妾也,而后妃躬桑;上可以供宗庙,下可以劝兆民⑤。神农之法曰:"丈夫丁壮而不耕,天下有受其饥者;妇人当年而不织,天下有受其寒者。"故天子亲耕,后妃亲织,以为天下先。(《刘子·贵农》)

【注释】

①农祥:房星,表示农事时节到来。旦正:清晨出现在地平线。②鳅訾:古代天文上十二个岁星之一。③愤盈:积满,充盈。④脉发:春暖地温回升,地下水蒸发,滋润土壤使之冒起,为春耕的良时。⑤劝:勉励。兆民:古称天子之民,后泛指民众,百姓。

【今译】

房星出现在地平线,表示农事时节到来,岁星鳅訾也正照临。阳气开始充盈,地下水气上升,天子到东郊亲耕,后妃到北郊亲桑。君主、妃子之所以这么做,并不是国家没有好农夫,而必须王者亲耕;也不是天下没有能够采桑的妇女,而必须后妃亲自采桑。君主的亲耕,后妃的亲桑,向上可以供奉宗庙祭祀,向下可以勉励普通百姓。神农之法中说:"成年男子如果丁壮之年不耕作,天下的人就有因此而受饥的;妇女丁壮之年不织布,天下的人就有因此而受冻的。"因此,天子亲自耕田,后妃亲自织布,以此作为天下人的表率。

【时析】

《刘子》的作者到底是谁,从初唐到现在还没有定论。根据唐袁孝政《刘子注·序》载,唐代时就有刘歆著、刘孝标著、刘勰著、刘昼著四种说法。现在一般认为是魏晋时的作品,产生的时间在公元220年至288年间,作者为魏晋间人。该书内容遍涉哲学、经济、政治、军事、文艺诸领域,是继《吕氏春秋》

天下大同

一三

《淮南鸿烈》之后的具有代表性的"杂家"著作。这里发挥了君民并耕的思想，强调天子亲耕，后妃亲桑，可以上供奉宗庙祭祀，下勉励普通百姓，以此表率天下。

兼爱天下

　　若使天下兼相爱，爱人若爱其身，犹有不孝者乎？视父兄与君若其身，恶①施不孝？犹有不慈者乎？视弟子与臣若其身，恶施不慈？故不孝不慈亡②有。犹有盗贼乎？故视人之室若其室，谁窃？视人身若其身，谁贼？故盗贼亡有。（《墨子·兼爱上》）

【注释】

　　①恶：乌，何，什么地方。②亡：无。

【今译】

　　假如天下都能同时相爱，爱别人就好像爱自己本身，还有不孝的吗？看待父亲、兄长和君主好像看待自己本身，在什么地方能施行不孝？还有不慈爱的吗？看待弟弟、儿子和臣下好像看待自己本身，在什么地方施行不慈？所以，不孝、不慈就没有了。（不慈、不孝没有了）还有盗贼吗？看待别人的家好像自己的家，谁去偷窃？看待别人的身体好像自己本身，谁去残害？所以，偷窃、残害没有了。

【时析】

　　墨子最高的愿望是使天下人兼相爱，而为了实现这一理想，就爱人如己，即爱父亲、兄弟以及君主如己。能够这样的话，就没有不慈不孝的事情了。没有不慈不孝的事情，也就不会有偷窃、残害之类违法犯罪的事情了。这一思想，显然过分理想化，不符合中国血缘宗法的社会基本结构，所以似乎说得很好，但在实际中难以落实，后来墨家思想就流于空想，尽管如此，这些思想对于我们今天的社会治理仍然具有一定的参考意义。

　　若使天下兼相爱，国与国不相攻，家①与家不相乱，盗贼无有，君臣父子皆能孝慈，若此则天下

治。故圣人以治天下为事者，恶②得不禁恶而劝爱？故天下兼相爱则治，交相恶则乱。(《墨子·兼爱上》)

【注释】

①家：这里指家族。②恶：怎么。

【今译】

若使天下的人都彼此相爱，国与国不互相攻打，家族与家族不互相侵乱，没有盗贼，君臣父子都能忠孝慈爱，这样，天下就太平了。既然圣人以治理天下为己任，怎么能不禁止人们互相仇恨而劝导彼此相爱呢？所以，天下人能彼此相爱才会太平，互相仇恨就会混乱。

【时析】

这是进一步发挥兼爱的思想，把兼爱的思想推于社会，国家之间不相互进攻，家族之间不相互侵乱，君臣父子都能忠孝慈爱，社会才会安定，天下就会达到大治。强调兼爱对治理天下的重要意义。

明刻本《墨子》

视人之国，若视其国；视人之家，若视其家；视人之身，若视其身。是故诸侯相爱，则不野战；家主相爱，则不相篡；人与人相爱，则不相贼①；君臣相爱，则惠忠；父子相爱，则慈孝；兄弟相爱，则和调。天下之人皆相爱，强不执②弱，众不劫寡，富不侮贫，贵不傲贱，诈不欺愚。凡天下祸篡怨恨，可使毋起者，以相爱生也，是以仁者誉

之。(《墨子·兼爱中》)

【注释】

①贼:残害,伤害。②执:掌握,控制。

【今译】

看待别人的国家好像看待自己的国家,看待别人的家族好像看待自己的家族,看待别人的身家性命好像看待自己的身家性命。所以,诸侯之间相爱,就不会发动野战;家主之间相爱,就不会互相篡夺;人与人之间相爱,就不会互相残害;君臣之间相爱,就会上惠下忠;父子之间相爱,就会上慈下孝;兄弟之间相爱,就会和睦协调。天下的人都相爱,强者不控制弱者,人多的不劫掠人少的,富足的不侮辱贫贱的,尊贵的不傲视卑贱的,奸诈的不欺骗愚笨的。大凡天底下的祸害、篡夺、埋怨、愤恨,可以不发生的原因,是相互之间的爱而产生的,所以仁者赞誉它。

【时析】

墨子看惯了当时兼并战争引起的社会大动乱,生产大破坏,人民流离失所,希望每一个人都能设身处地地为他人着想,看待别人的国家就像看待自己的国家一样,看待别人的家族就像看待自己的家族一样,看待别人就像看待自己一样。这样,墨子把如何去兼爱讲得很具体。我们大家都知道如果真的能够达到爱人如己的话,这个社会就不会再有祸害、篡夺、埋怨、愤恨,也就不会再有战争、残害,就会出现君惠臣忠、父慈子孝、兄弟和睦、强弱相扶、众寡平和、富贫相敬、贵贱平等、诈不欺愚的局面。这当然是美好的理想。

　　　今吾将正求与天下之利而取之①,以兼为正②。是以聪耳明目相与③视听乎!是以股肱毕强相为动宰乎④!而有道肆相教诲⑤。是以老而无妻子者,有所侍养以终其寿;幼弱孤童之无父母者,有所放依⑥以长其身。(《墨子·兼爱下》)

【注释】

①此句疑"正"字当删,"与"为"兴"字之误。②正:通"政"。③"与"为"为"字之误。④股肱:大腿和胳膊。毕强:敏捷有力。宰:辅助。动宰:是说行动有辅助,协调动作之意。⑤"而"疑为"是以"之误。肆:极力,勤苦。⑥放依:依傍。

【今译】

　　现在我将寻求兴起天下之利的办法而采取它,以兼(相爱)来施政。这样,大家都耳聪目明,相互帮助视听,都会手足强壮,彼此相互协助。而有道德的人,也会勉励教导他人。因此,年老而没有妻室子女的,有所奉养而终其天年;幼弱孤童没有父母的,有所依傍而长大其身。

【时析】

　　墨子设想了一个兼爱的社会,在那个社会,用兼爱作为治理国家政治的原则。人们就可以耳聪目明地去听去看,审视社会,相互帮助。身体强壮的人用体力去劳作,在劳作中相互帮助。有道之人相互教诲。没有家室的人仍有人供养以终天年。年幼而失去父母的儿童,也有依靠而成长起来。墨子的这种理想社会,与孔子的大同思想有交叉。只不过孔子的大同社会是建立在"天下为公"的大道原则上,而墨子的理想社会是建立在兼相爱交相利的原则之上,若将其二者有机地融合当然是最理想了。

　　《泰誓》①曰:"文王若日若月乍②照,光于四方,于西土。"即此言文王之兼爱天下之博大也。譬之日月,兼照天下之无有私也。即此文王兼也。虽子墨子之所谓兼者,于文王取法焉!(《墨子·兼爱下》)

【注释】

　　①《泰誓》:《尚书》的一篇。②乍:"作"的通假字。

【今译】

　　《泰誓》上说:"文王像太阳月亮一样地照耀,光辉遍及四方和西土。"这说明文王兼爱天下,是如此之博大。正如太阳和月亮兼照天下一样地没有偏私,这就是文王的"兼"。而墨子所谓的"兼",正是从文王那儿得来的。

【时析】

　　墨子的兼爱充分体现了普遍无私的崇高精神,而且他把这种思想的来源追溯到周文王。而周文王又是儒家理想的圣王之一,于此可见儒墨同源之一斑。

　　有力者疾①以助人，有财者勉②以分人，有道者劝③以教人。若此，则饥者得食，寒者得衣，乱者得治。若饥则得食，寒则得衣，乱则得治，此安生生④。（《墨子·尚贤下》）

【注释】

　　①疾：疾速、迅疾。②勉：尽力，用尽所有力量。③劝：说服，讲明事理使人听从。④安：乃，就。生生：以生为生。

【今译】

　　有力量的人要迅疾去帮助别人，有财产的人要尽力分给他人，有道德的人要劝导教育别人。倘若如此，饥者得食，寒者得衣，乱世得以治理。要是饥者得食，寒者得衣，乱世得治的话，就会各安其生。

【时析】

　　这是墨子在答复"为贤之道"时说的，讲的是贤人治世的基本原则，即强者帮助弱者，富者扶持贫者，有道者教导普通人。这对今天特别有现实意义，在社会经济初步发展，一部分人先富起来的情况下，先富的人帮助还没有脱贫的人，达到共同富裕，是社会从小康走向大同的必由之路。

大同小康

　　大道之行①也，天下为公，选贤与能，讲信修睦。故人不独亲其亲②，不独子其子③，使老有所终④，壮有所用⑤，幼有所长⑥，矜寡孤独废疾⑦者皆有所养；男有分⑧，女有归⑨。货，恶其弃于地也⑩，不必藏于己⑪；力⑫，恶其不出于身也，不必为己。是故谋⑬闭而不兴，盗窃乱贼而不作，故外户⑭不闭。是谓大同。（《礼记·礼运》）

【注释】

　　①大道：言道之广大而不偏私。行：意谓通达于天下。②亲其亲：前一个"亲"字，乃动词，言亲爱。后一个"亲"字，乃名词，言亲近的人。③子其子：前一个"子"字，乃动词，这是古人对于所生子女的概称，不论男女皆称子。④使老有所终：使老人皆得以赡养，终其余年，全寿而终。《辞源》："人死曰终。"《礼记》云："君子曰终，小人曰死。"⑤壮有所用：壮者，古人以三十曰壮。《礼记·曲礼》："人生十年曰幼，学；二十曰弱，冠；三十曰壮，有室；四十曰强，而仕；五十曰艾，服官政；六十曰耆，指使；七十曰老，而传；八十、九十曰耄。""壮有所用"这一句是说使每一个壮年人能为社会奉献其才华及能力。人也因此做适合自己的事，因社会用人恰当，每个人便能从工作中享受个人的荣耀与满足。⑥幼有所长：按《礼记·曲礼注》：人生十年曰幼，二十曰弱，故知十九岁以前通称幼。有所长，指幼小者皆能长大成人，得到良好的教育。⑦矜(guān)：同"鳏"，老而无妻或丧妻者皆曰矜。寡：五十岁无夫曰寡，今妇人丧夫皆曰寡。孤：幼年丧父或父母双亡者。独：老而无子曰独。废疾：谓精神或体力不完全者也。《礼记》："废疾非人不养者。"刑律把衰减视能、言语能力衰退障碍及衰减一肢以上之机能者，以及精神或身体患上三十日以上之病者通称为"废疾"。⑧男有分：男人各尽其责做适当的事，各安其业。⑨女有归：女孩出嫁不失其时，找到适合人家并按时出嫁。《辞源》："妇人谓嫁曰归。"⑩货：指资源。恶：指讨厌。⑪不必藏于己：即凡是资源皆应及时好好保藏，却不是为了自己，即不为个人也不必私藏，不会有据为己有的贪念。⑫力：指包括体力与脑力的劳动力。⑬谋：奸邪诈欺之谋，于众人之间有所互谋即是所谓"相图谋也"。⑭外户：大门。

【今译】

　　大道行世的时代，天下是人民所共有的，选择贤能的人而把领袖地位传给他，人与人之间讲究信用而和睦相处。因此，每个人都不只是关爱自己的双亲，不只是抚育自己的孩子，而是让老年人都能够颐养天年，壮年人都有用武之地，少年人都可以茁壮成长，年老丧夫或丧妻、年少无父母、年老无子女和患有残疾的人都能够得到照顾和恤养。男子有自己的职业，女子及时出嫁有归属。丰厚的财物，宁愿就这样搁在地下不用，也不藏在自己的家里。人人唯恐自己没有为社会出力而去各尽其职，各尽其力，却不是自私为己。所以，一切私心小智和阴谋诡计不发生，一切抢劫偷盗、乱贼暴徒不兴起。因此，这时的人外出或夜晚大门不关闭也安然无事。以上这些就是大同社会的情景。

【时析】

大同社会是一个非常美好的理想社会，其总原则就是"天下为公"，是派生其他具体内容的根源和出发点。体现为具体原则有：在经济上，财产共有，这是大同社会的经济基础；在政治上举贤能，用人才，讲信用，实行社会民主；在社会生产上，按性别、年龄和社会需要进行分工，各尽其力，为社会劳动；人人从事劳动，社会成员平等地享用劳动成果；在社会生活中人们的地位是平等的，大家互敬互爱，互靠互养，诚实无欺，过着美满幸福的生活；没有盗贼，战争也不会发生，社会安定，秩序井然，天下太平。总之，虽然这里只有短短的一百多个字，但是它提纲挈领，向我们展示了一幅以公有制为基础的大同社会的美丽画卷。如果用现代语言来表述，大同社会就是人与自然和谐相处，经济可持续发展；社会有选贤与能的机制，人与人之间讲信修睦，在家庭关系上提倡仁义孝悌，是物质文明、制度文明与精神文明和谐发展的社会。

这种把一切人类最美好的愿望和理想都如此生动地体现在大同世界当中，虽然是对早已逝去的远古原始社会美化了的回忆，但却又是站在文明社会的现实里，面对剥削日深、压迫日重、财富不均、凌贫辱贱这样一些社会状况而发出的心理愿望和现实要求。这种采取追寻已逝的时代的方式来表达对理想社会的向往和追求，是中国儒家的一种典型的思想方式，经过先秦至秦汉几百年的培育，又经过其后上千年的漫长发展，从形式到内容等各方面已经积淀在民族文化心理结构当中，成为悠久而深厚的历史传统。这里对大同社会的描绘虽然不是历史的，也是不现实的，但它又是合情合理的。自从这一学说问世以来，曾经鼓舞着一代又一代的志士仁人为改变现实的黑暗，追求美好生活而英勇奋斗。大同理想在中国上空一直徘徊了两千多年，"世界大同"成为中华民族孜孜以求的美好境界。它是理想的灯塔，不仅给失望中的人们不断带来希望，而且更感召着人们进行不懈的努力。

天下大同

　　今大道既隐①，天下为家，各亲其亲，各子其子，货力为己，大人世及②以为礼，城郭沟池③以为固，礼义以为纪，以正君臣，以笃④父子，以睦兄弟，以和夫妇，以设制度，以立田里⑤，以贤勇知⑥，以功⑦以己。故谋用是⑧作，而兵⑨由此起。禹、汤、文、武、成王、周公，由此其选⑩也。此六君子者，未有不谨于礼者也。以著其义⑪，以考⑫其信，著有过，刑仁讲让⑬，示民有常⑭。如有不由此者，在执者去⑮，众以为殃。是谓小康。（《礼记·礼运》）

【注释】

　　①隐：消逝。②大人：这里指天子诸侯。世：父亲传位给儿子。及：哥哥传位给弟弟。世及：指世代相传。③郭：外城。沟池：护城河。④笃：淳厚。⑤田：指阡陌。里：指闾里。田里此处指田里制度。⑥贤勇知：把勇敢和有智慧看做是贤能。知：通"智"。⑦功：成就功业。⑧用是：因此。⑨兵：这里指战争。⑩选：指杰出的人物。⑪著：彰显。义：道义。⑫考：考察。⑬刑：通"型"，仪型、典范。让：礼让。⑭常：常法。⑮执(shì)：同"势"，职位，指统治地位。"去"，罢免。

【今译】

　　如今，大道隐没了，天下变为一家一姓的私产。人人都爱护自己的父母，抚养自己的孩子，为自己发财，为自己出力。天子诸侯以父传子、兄传弟为礼制，又修建城郭沟池作为坚固的防守。制定礼仪作为纲纪，用来确定君臣关系，使父子情感淳厚，使兄弟之间和睦，使夫妻之道和谐，使各种制度得以确立，划分田地和住宅，把勇敢和有智慧看做是贤能，为自己建功立业。所以，阴谋诡计因此兴起，战争也由此发生。大禹、商汤、文王、武王、成王、周公就用这些礼义来治理天下，由此成为三代中的杰出人物。这六大君子，没有不谨慎奉行礼义的，他们彰显礼义的内涵，用它们来考察人们的信用，明察过失，提倡仁爱，讲求礼让，为百姓显示治国有常法。如果有不遵行礼义的，做君主的就要被废黜，民众将把他看成是祸害。以上这些就是小康社会的情形。

【时析】

　　《礼运》叙述了礼仪文明的起源、发展与归宿，其中构想了上古大道行世、天下为公时代的情景，儒家认为那是人类社会的最高境界，称为"大同"。往

二二

后大禹、商汤、文王、武王、成王、周公等"圣人"治理下的封建社会，也不过是"大道既隐"的"小康"之世，人类社会向后退步了。在这里，"小康社会"被看成是仅次于"大同社会"的一种理想社会模式，这种模式是以财产、劳动力私有为经济特征，以实行世袭制、等级制的"礼仪"作为政治伦理规范来管理事务、调整关系，以武力和刑罚来维持社会秩序。相比大同社会高度自觉的人格与人本尊严，小康社会是要用教育、法律、制度来维持个人的安居乐业。小康思想在中国民间影响深远，盛行千年而不衰，成为普通百姓对美好生活追求的目标。当然，相对于"大同之世"，小康社会仍处于较低层次，"大同"的理想才是人们孜孜以求的终极目标。从大道行世到大道隐没，从大同世界到小康社会，显示了儒家独特的历史观，是通过把过去理想化给人们提供未来社会的美好景象，与我们今天受西方影响而形成的历史是由低级阶段往高级阶段发展进化的历史观截然不同。这一历史观与老子的"失道而后德，失德而后仁，失仁而后义，失义而后礼"（《老子》第三十八章）有异曲同工之处。史籍上有孔子早年问学于老子的说法，也许孔子真的受到了老子的影响，故而他们的思想路向虽然不同，但还是颇有相通之处的。

民亦劳止①，汔可小康②。惠此中国③，以绥四方④。（《诗经·大雅·民劳》）

【注释】

①劳止：辛劳，劳苦。②汔（qì）：几乎，差不多。小康：指的是一种不愁温饱、略有节余的理想生活状态，也是古代劳动人民对美好生活的淳朴向往。③中国：古时"中国"含义不一，一般是相对于"四方"而言的，它的本义是"国之腹地"。这里是指帝王所在的都城——京师。④绥：安抚。四方：指京都外的诸夏。

【今译】

百姓整日辛苦劳作，向往富足安康的生活。当政者应该加惠京师，同时安抚京都外的国家。

【时析】

这条语录从规劝暴君周厉王入手，提出了为王者要先从爱护人民开始，让人民过上富足安康的生活，进一步从京都推广到更广大的地方，以安定天下。反映了当时的人们对美好生活的向往。

丘也闻有国有家者，不患寡而患不均①，不患贫而患不安②。盖均无贫，和无寡，安无倾。夫如是，故远人不服，则修文德以来之；既来之，则安之。今由与求也③相夫子，远人不服而不能来也，邦分崩离析而不能守也，而谋动干戈于邦内。吾恐季氏之忧，不在颛臾，而在萧墙④之内也。（《论语·季氏》）

【注释】

①寡：老百姓数量少。均：财富各得其应得的份额，不仅仅是"平均"之意，实有"公平"之意。②贫：财物匮乏。安：上下相安。人们一般认为，此句的"贫"应与上句的"寡"互换则前后上下文意较为贯通，今从之。③由：仲由（前542—前480），字子路，又字季路，鲁国卞人，孔子得意门生，以政事见称。为人刚直鲁莽，好勇力，事亲至孝。除学诗、礼外，还为孔子赶车，做侍卫，跟随孔子周游列国，深得器重。求：冉求（前522—？），字子有，亦称冉有。孔子弟子，小孔子二十九岁。青年时期曾做过季氏的家臣，后随孔子周游列国。子有多才多艺，性谦逊，长于政事。④萧墙：国君宫门内当门的小墙，又叫做照壁，门屏。当时鲁哀公和专权的季孙氏相互猜忌，矛盾很深，如季孙氏伐颛臾，势必导致鲁哀公的干涉。所以孔子认为季孙氏的忧患不在颛臾，而在鲁君。

【今译】

我（孔丘）也听说，对于诸侯和大夫，不用发愁境内的财富匮乏，而怕的应该是财富不均；不用发愁所统治的人口少，而怕的应该是不安定。如果财富均平了，也就没有贫穷现象；如果大家和睦相处，就会感到不用发愁；如果国家安定了，也就没有倾覆的危险。做到这样，远方的人还不归附，便倡导文教和德政去招致他们。既然他们前来归附，就使他们安心。如今仲由和冉有辅佐季孙，远方的人不归附却不能招致他们，国家四分五裂而不能保持其统一，反而策划在国内动用武力。我恐怕季孙氏的忧愁不在颛臾，而在鲁国宫廷内部。

【时析】

孔子认为，治国的道理，不在于国家是否富足或贫穷，而在于国内的政治是否平均，是否公平合理；不在于他所占有的土地和人民的多寡，而在于他的人民是否安宁，社会是否秩序、祥和。从这个道理来说，季孙氏眼下的问题不是面临颛臾的威胁，真正对他的后世子孙构成威胁的因素，在于他的家门之内,攻打颛臾只是季孙氏想扩大地盘的借口罢了。"不患寡而患不均"就是在这样的语言背景中产生的,但是在现代文化观念中则被严重地曲解了,人们把这句话理解成了一种经济平均思想,甚至常常受到人们的批判,人们会理直气壮地说:平均主义会造成普遍的懒惰,使整个社会失去进取心,永远停滞在贫穷的阶段。而"不均"即不平等则可以刺激人们去竞争,使整个社会充满活力,最终可以使整个社会摆脱贫穷。这种观点看上去似乎很有道理,但如果我们换一个角度来分析,孔子的"均无贫"的观点恐怕也不无道理。从某种意义上可以说"贫""寡"与"不均""不和"其实是一件事的两个方面,人们之所以会产生贫与寡的感觉,就是因为"不均""不和"的存在,没有"不均""不和"就无所谓"贫""寡"。孔子希望看到的是均、和、安的社会,就是要争取实现人际关系比较合理、社会环境比较安宁和人民生活比较富裕。这实际上就是小康社会。

子适卫,冉有仆①。子曰:"庶矣哉②!"冉有曰:"既庶矣,又何加焉?"曰:"富之。"曰:"既富矣,又何有焉?"曰:"教之。"(《论语·子路》)

【注释】

①仆:御车。依古礼,幼卑者为尊长御车。②庶矣哉:庶,众多,是说卫人口众多。

【今译】

孔子到卫国,冉有为孔子驾车。孔子说:"卫国人口真多呀!"冉有说:"人口多了,再加些什么呢?"孔子说:"要让他们富裕起来。"冉有说:"富了又怎么办呢?"孔子说:"再加以教化。"

【时析】

庶、富、教就是孔子眼里的小康标准。孔子说,一个国家如果人口已经很多了,就要使这个国家的人民富裕起来,人民富裕起来以后,就要用良好的道德准则和规范来教育他们。用现在的语言来表述,就是首先要保证衣食住行等最基本、最起码的条件,在此基础上,还要有安定的社会环境、诚信友好的人际关系、言论思想的自由表达以及欢快愉悦的健康心境,正因为这样,小康社会始终是人民所向往追求的,也是古代的诗人所不断咏唱的。

帝尧①王天下之时,金银珠玉不饰,锦绣文绮②

不衣，奇怪珍异不视，玩好之器不宝③，淫佚④之乐不听，宫垣屋室不垩⑤，甍桷椽楹不斫⑥，茅茨⑦偏庭不剪。鹿裘御寒，布衣掩形，粝粱⑧之饭，藜藿⑨之羹。不以役作之故，害民耕绩之时，削心约志⑩，从事乎无为。吏忠正奉法者尊其位，廉洁爱人者厚其禄；民有孝慈者爱敬之，尽力农桑者慰勉之。旌别淑德⑪，表其门闾⑫。平心正节，以法度禁邪伪。所憎者，有功必赏；所爱者，有罪必罚。存养天下鳏寡孤独，振（赈）赡⑬祸亡之家。其自奉也甚薄，其赋役也甚寡。故万民富乐而无饥寒之色，百姓戴⑭其君如日月，亲其君如父母。

（《六韬·文韬·盈虚》）

【注释】

①帝尧：帝喾次子，初封于陶，又封于唐，故有天下之号为陶唐氏。其号曰"尧"，史称为唐尧。在位百年，有德政，常征求四岳的意见，而且设立谤木，让平民可以发表意见，设立多项政权组织，要求荐举贤人，加以任用，后让位于舜。②锦绣文绮：指做工精细华丽漂亮的丝织品。③玩好：供欣赏玩乐的奢侈品。不宝：不以为宝，不当成珍宝。④淫佚：纵欲放荡。佚：同"逸"。⑤垩（è）：白色土，可用来粉饰墙壁。此处意为用白色涂料粉刷墙壁。⑥甍（méng）：屋脊。桷（jué）：横排在屋梁上的方形木条。椽：椽子。楹：厅堂前部的大柱子。斫（zhuó）：用刀、斧等砍劈。⑦茅茨（máo cí）：用茅草盖的屋子，这里指茅草。⑧粝（lì）粱：粗劣的粮食。⑨藜藿（huò）：野生粗劣的菜蔬。⑩削：本义为装刀剑的套子，后作"鞘"。"削心"就是把"思想、心思"装入套子里，即自己自觉地对其加以限制，不胡思乱想。约：约束，节制。约志：即约束意念情欲。⑪淑：善良，美好。德：读为"慝"，邪恶。⑫门闾：家门，家庭，门庭。⑬振赡：救济。⑭戴：拥护，拥戴。

【今译】

帝尧统治天下时，不用金银珠玉作饰品，不穿锦绣华丽的衣服，不观赏珍贵奇异的物品，不把古玩宝器当成珍宝，不听淫佚的音乐，不粉饰宫廷墙垣，不雕饰甍桷椽楹，不修剪庭院中的茅草。以鹿裘御寒，用粗布蔽体，吃粗粮饭，喝野菜汤。不因征发劳役而耽误民众耕织。约束自己的欲望，抑制自己的贪念，用清静无为治理国家。官吏中忠正守法的就升迁其爵位，廉洁爱民的就增加其俸禄。民众中孝敬长者、慈爱晚辈的给予敬重，尽力农桑的予以慰勉。

区别善恶良莠,表彰善良人家。提倡心志公平,端正品德节操,用法制禁止邪恶诈伪。对自己所厌恶的人,如果建立功勋同样给予奖赏;对自己所喜爱的人,如果犯有罪行也必定进行惩罚。赡养鳏寡孤独,赈济遭受天灾人祸之家。至于帝尧自己的生活十分俭朴,向百姓征收赋税劳役非常轻微。因此,天下民众富足安乐而没有饥寒之色,百姓拥戴他们的君主如同景仰日月,亲近他们的君主如同亲近父母。

【时析】

以前世贤君帝尧为例,刻画了一个自奉甚薄,廉正奉公,尊贤爱民,止恶扬善的古代贤君形象,进一步阐明要达到"国安而民治"的目的,作为国君必须做到生活俭朴、轻徭薄赋、奖励农桑、赏功罚罪、存养孤苦等等。这样的贤君形象及其思想蕴涵,可以为我们今天的执政者所借鉴和参考。

> 天下非一人之天下,乃天下之天下也。同天下之利者,则得天下;擅①天下之利者,则失天下。天有时,地有财,能与人共之者,仁也。仁之所在,天下归之。免人之死,解人之难,救人之患,济人之急者,德也。德之所在,天下归之。与人同忧、同乐、同好、同恶者,义也;义之所在,天下赴②之。凡人恶死而乐生,好德而归利。能生利者,道也。道之所在,天下归之。(《六韬·文韬·文师》)

【注释】

①擅:专擅,独自享用。②赴:奔向,奔赴。多指奔向危险的地方。

【今译】

天下不是一个人的天下,而是天下所有人共有的天下。能同天下所有人共同分享天下利益的,就可以取得天下;独占天下利益的,就会失掉天下。天有四时,地有财富,能和人们共同享用的,就是仁爱。仁爱所在,天下之人就会归附。免除人们的死亡,解决人们的苦难,消除人们的祸患,解救人们的危急,就是恩德。恩德所在,天下之人就会归附。和人们同忧、同乐、同好、同恶的,就是道义。道义所在,天下之人就会争相归附。人们无不厌恶死亡而乐于生存,喜欢恩德而追求利益,能为天下人谋求利益的,就是王道。王道所在,天下之人就会归附。

【时析】

    这里借姜太公之口阐明了"天下非一人之天下,乃天下之天下也"这样一个重要命题。认为"同天下之利者,则得天下;擅天下之利者,则失天下",商朝的灭亡和周朝的兴起从正反两个方面证明了这一论断的正确。因此,要夺取天下,必须从"仁""德""义""道"几个方面着手。只要做到以上几点,那么就会"天下归之",也就是可以夺取天下。

    泰一①者,执大同之制②,调泰鸿之气③,正神明之位者也④。(《鹖冠子·泰鸿》)

【注释】

    ①泰一:即太一,在中国传统哲学中用以称世界的本原。太,即最大、最高,又作大;一,即混沌未分,又作乙,指道。《庄子·天下》称老子的"道"为太一。《吕氏春秋》称"太一出两仪,两仪出阴阳""万物所出,造于太一",以太一为"精气",即世界的物质本原。《礼记·礼运》称太一为"大一",指元气。汉武帝时以太一为"天神之尊贵者"。②执:控制,掌握。大同:这里指宇宙统一于道的秩序。③调:调节。泰鸿:元气之始。④正:确定。神明:神灵,指五方神灵,东方太暤,南方炎帝,西方少昊,北方颛顼,中央黄帝。

【今译】

    泰一是天神中最尊贵的上帝,他掌握宇宙万有共同秩序,调节元始混沌之气,确定五方神灵之位。

【时析】

    《鹖冠子》把道家的"道"变成了宇宙至高无上的神灵——上帝,并赋予上帝许多功能。这里的大同是指统一于道的宇宙秩序,是人类社会秩序的依据。

    天子中正,使者敢易言尊益区域①,使利造②下蔽上,其刑斩笞无赦。诸吏教苦德薄,侵暴百姓,辄罢,毋使汙③官乱治,不奉令犯法,其罪加民。利而不取利,运而不取次④,故四方从之,唯恐后至。是以运天而维⑤张,地广而德章(彰),天下安乐,设年予昌⑥。属各以一时典最上贤⑦。不如⑧令

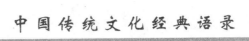

尹，令尹以闻，壹、再削职，三则不赦，治不踰官⑨，使史李⑩不误，公市为平。生者不喜，死者不怨。人得所欲，国无变故。著赏有功，德及三世。父伏其辜，不得创谥⑪。事从一二，终古不勃⑫。彼计为善于乡，不如为善于里；为善于里，不如为善于家。是以为善者可得举，为恶者可得诛。莫敢道一旦之善，皆以终身为期。素无失次⑬，故化立而世无邪。化立俗成，少则同侪⑭，长则同友，游敖同品⑮，祭祀同福，死生同爱，祸灾同忧，居处同乐，行作同和⑯，吊贺同杂⑰，哭泣同哀。驩欣足以相助⑱，僵谍足以相止⑲。安平相驯⑳，军旅相保，夜战则足以相信，昼战则足以相配，入以禁暴，出正无道，是以其兵能横行诛伐而莫之敢御。故其刑设而不用，不争而权重，车甲不陈而天下无敌矣。

（《鹖冠子·王鈇》）

【注释】

①易：改变、改换。尊益：所当益所当尊。区域：地区。 ②逜（wǔ）：古同"捂"，遮蔽。③汙：污的异体字。 ④次：通"资"。⑤维：指天之四隅。⑥设：施与的意思。予：给予。 ⑦属：指令尹属官。一时：统一的时间。典最：考核会最。上：举荐。⑧不如：不从。⑨治：治事。踰：同"逾"，逾越。⑩史李：即理官，古代的司法官。⑪谥：谥号。⑫终古：永远。勃：大。⑬素：平日，向来。次：却，不前。⑭同侪：与自己在年龄、地位、兴趣等方面相近的平辈。⑮游敖：敖游，漫游。敖，通"遨"。品：当是"區（区）"之误。⑯行作：行事、做事。和：唱和。⑰杂：《说文》："五彩相合也。"引申为合的意思。⑱驩：通"欢"。驩欣：快乐而兴奋。⑲僵：侦的异体字，侦探、监伺。谍：也是侦伺的意思。⑳驯：效法，学习。

【今译】

天子居于中正的地位。如果使者敢于对天子隐瞒实情，改变应当奖赏的地区，为了获得的私利欺上瞒下，对他要进行重则杀头，轻则鞭笞的刑罚。如果各级官吏的教化不能使老百姓快乐，甚至欺凌老百姓，就立即罢免不再使用他们。那些贪官污吏不尊奉上面命令，扰乱法治，其罪责加倍于平民。官府为民谋利而不从中牟利，转运国家货物而不谋取运费。四方的老百姓就会追随他们而来，唯恐落后。所以，天道运行而四维张，地理宽广而厚德彰。天下安宁和乐，天地施与丰年而给予昌盛。令尹属官各自在统一的时间考核会最，并向上举荐贤能者。如果不听从令尹，让令尹知道了，一次、两次还是削官，三次就斩杀不赦。官员各守其职，不越级治事，使司法官不出偏差，在执法时体现公平。这样，就会让活命的人不窃喜，死去的人不冤枉。人人满足自己的愿望，安分守己，国家就没有变故。对有功者进行明赏，使恩德惠及达几代人。如果父亲伏罪，儿子不得为父亲创设谥号。如果官员做事图简单，投机取巧，永远成不了大事。一般的大众考虑在乡上做善事，还不如在里上做善事；在里上做善事，还不如在家族里做善事。因此，做善事的可以得到举荐，做恶事的可以获得诛罚。没有人说我只做一天善事，都考虑着一辈子做个好人。向来为善，没有休止，所以，教化树立而社会上没有邪恶。教化树立，化民成俗，乡里的人少小的时候为伙伴，长大了仍然是朋友。漫游的时候聚在一块儿，为同一件福事而祭祀，为同一爱好而死生，有灾祸则同忧虑，有居处而同欢乐，行动做事同唱和，吊唁欢庆同配合，哭泣同哀伤。快乐之心足以使大家相互扶助，侦探之足以防止有些人的过错。和平时期相互学习，战争时期相互保护。晚上打仗时则可以相互信任，白天打仗时则能够相互配合，在内能够禁止暴虐，在外能够纠正无道，因此，这样的军队能够横行无阻，诛杀征伐，而没有什么力量能够抵挡得住。所以，刑法虽然设置而并不使用，不争夺而成为霸王，战车甲兵不用陈列，而天下没有谁敢为敌。

【时析】

　　鹖冠子为战国晚期楚人，隐居深山，常常戴一插有鹖尾的武冠，属于黄老一派道家。他留下《鹖冠子》一书，主张推行上古三皇之一的泰皇的"泰一之道"，又称为"泰上成鸠之道"，原是道家对"三皇"时代原始社会的认

丝绸之路上的胡商遇盗图（敦煌壁画）

识。他不主张回到原始社会的生活，而强调"执大同之制"，借以实现世界大同的理想。他所讲的"大同之制"，重视以法制安定人民生活，主张用"道德"和"法令"来施行，讲究选拔人才来加强治理，并且实行全民皆兵的制度，力求

无敌于天下。很明显,这种"大同之制"已不是原始社会的形态,比老子的"无为而治"和回归到远古"小国寡民"的理想有了质的飞跃,是一种"大同"的高级理想,可以看成是社会历史进步导致思想发展的结果。这里选的是庞子向鹖冠子请教"泰一成鸠之道",鹖冠子作的详细说明。因为原文太长,我们这里只引了最重要的一部分。

唐虞①之道,禅而不传②。尧舜之王,利天下而弗利也。禅而不传,圣之盛也。利天下而弗利也,仁之至也。故昔贤仁圣者如此。身穷不贪,没而弗利,穷仁矣。必正其身,然后正世,圣道备矣。故唐虞之道,禅也。(《郭店楚简·唐虞之道》)

【注释】

①唐虞:以尧为首领的氏族是陶唐氏,称唐尧;以舜为首领的氏族是有虞氏,称虞舜。唐虞两位古帝禅让天下,为儒家政权转移的理想模式。②禅:指禅让,传说原始社会末期一度实行以民主方式推选部落首领的制度,反映了中国原始社会末期的军事民主制传统。传:传代,具体指禹死后,他的儿子启以父传子的方式继承了王位,以后历代相沿。这是不传于贤而传于子,与禅让制正相反。

【今译】

所谓的唐虞之道,就是禅让而不是传代。尧舜能够先后成为天下之王,就在于他们能够为天下谋公利而不是为自己谋私利。禅让而不传代,这是圣王人格的最高境界。能够为天下谋公利而不是为自己谋私利,这是仁德的最高表现。因此,过去的贤人、仁者、圣人都是这样做的。他们自身穷困而没有贪欲,至死都不为自己谋私利,虽穷困终生而坚守了仁道原则。要治理好天下,就必须先端正自身,然后才能端正世人,能够正己正人,圣人之道也就完备了。所以,唐虞之道的基本精神就是禅让。

【时析】

《郭店楚简·唐虞之道》是早期儒家集中阐述唐虞"禅让"观的一篇专论。禅让的根本精神就是"利天下而弗利",即将利益归于天下,而不是当做一己之利。在这种精神的鼓舞下,人们不再斤斤计较一己之私利,而是关注天下之公利,所以,财富、利益上的"公"也是通过禅让实现的。禅让的核心在于所谓"禅而不传"。"禅"是针对"传"而言的,"禅"的精神为"天下为公",故把天子之位让给最贤能的人；"传"的含义是"天下为私"，故把天子之位传给自己的儿子。儒家提倡并强调禅让，认为它最能体现圣王的人格境界和仁德的理想原则，这些都是大同社会的基本要素。

> 五亩之宅，树之以桑，五十者①可以衣帛矣。鸡豚狗彘之畜②，无失其时，七十者可以食肉矣。百亩之田，勿夺其时，数口之家可以无饥矣。谨庠序③之教，申④之以孝悌之义，颁白者不负戴于道路矣⑤。七十者衣帛食肉，黎民不饥不寒，然而不王者，未之有也。（《孟子·梁惠王上》）

【注释】

①五十者：即五十岁的人。②豚(tún)：古人把小猪叫做豚。彘(zhì)：猪。③庠序：古代地方所设的学校。④申：一再。⑤颁白：须发斑白。颁，通"斑"。负戴：以背负物，以头顶物，意指负重的劳动。

【今译】

五亩大的住宅场地，种上桑树，五十岁的人就可以穿丝织品了。鸡、猪、狗的畜养，不要耽误它们的繁殖时机，七十岁的人就可以吃肉食了。百亩大的田地，不要耽误它的生产季节，几口之家就可以不受饥饿了。认真地兴办学校，把尊敬父母、敬爱兄长的道理反复讲给百姓听，须发斑白的老人就不会背负或头顶重物在路上行走了。七十岁的人能够穿上丝织品、吃上肉食，百姓没有挨饿受冻的，这样还不能统一天下实行王道，是绝不会有的。

【时析】

孟子托言古制，向梁惠王勾画了一幅田宅、农桑、禽畜相结合的自给自足的小农家庭经济蓝图：每户分给五亩地作为宅地，种桑养蚕以充衣料，饲养鸡猪以供肉食，衣食丰足。从中可以看出他减轻劳役、发展生产、兴办教育、利民保民的主张，其目的在于通过保证人们自给自足的生活，把人民从饥寒交迫中解救出来，反映了孟子"保民而王"的积极思想。这是在传统农业社会下比较理想的生活形态，实际上是很难实现的。

> 尊贤使能，俊杰①在位，则天下之士皆悦，而

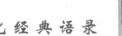

愿立于其朝矣。市，廛而不征②，法而不廛③，则天下之商皆悦，而愿藏于其市矣。关，讥④而不征，则天下之旅皆悦，而愿出于其路矣。耕者助而不税⑤，则天下之农皆悦，而愿耕于其野矣。廛⑥，无夫里之布⑦，则天下之民皆悦，而愿为之氓⑧矣。信能行此五者，则邻国之民仰之若父母矣。率其子弟，攻其父母，自有生民以来，未有能济⑨者也。如此，则无敌于天下。无敌于天下者，天吏⑩也。然而不王者，未之有也。（《孟子·公孙丑上》）

【注释】

①俊杰：才智杰出的人。②廛（chán）：古代指一户平民人家占用的房子和宅院，泛指城邑民居，这里指市中储藏或堆积货物的货栈。征：征税。③法而不廛：指官方依据法规收购长期积压于货栈的货物，以保证商人的利益。④讥：稽查、查问。⑤助而不税：指"耕者九一"的井田制只帮助种公田而不再收税。⑥廛：这里指民居，与"廛而不征"的"廛"所指不同。⑦夫里之布：古代的一种税收名称，即"夫布""里布"，大致相当于后世的土地税、劳役税。⑧氓：指从别处移居来的移民。⑨济：达到、成功。⑩天吏：顺从上天旨意的执政者。这里的"吏"不是指小官。

【今译】

尊重贤人，使用有能力的人，使杰出的人物都有官位，那么，天下的士人都满意，乐于在这样的朝廷担任一官半职。在市场上提供储货的地方却不征税，把滞销的货物依法收购不使积压，那么，天下的商人都满意，乐于把货物存放于市场。关卡，只稽查而不征税，那么，天下的旅客都满意，乐于出入于这样的道路。对种庄稼的农民，只按井田制助耕公田而不再征税，那么，天下的农民都满意，乐于在这样的土地上耕种。居民区没有额外的土地税和劳役税，那么，天下的百姓都满意，乐于成为这里的居民。如果真正能够做到这五个方面，那么，就连邻国的百姓都会像对待父母一样仰慕他。假如邻国要来攻打，就好比率领着儿女们来攻打他们的父母，自有人类以来还没有这样的事情能够成功。像这样，他就可以无敌于天下。天下无敌的人可以叫做"天吏"。做到了这个程度还不能行王道于天下的，还从来没有过。

【时析】

　　孟子在这里所描绘的理想社会蓝图,实际上涉及到三个非常重要的问题:其一,国家、政府和君主的一切言行、政策和治国的大法,都必须充分尊重个人,从个人出发并最终回归到个人。这才是正确的治国之道和强国之道。其二,君主、政府、国家,只有真正维护、增进个人的利益,个人才会考虑君主的利益、政府的利益和国家的利益,才会把国家的利益、政府的利益和君主的利益当成是自己的利益来维护和捍卫。其三,在孟子看来,君主与政府的职能是为一国之天下的百姓服务,而不是向天下百姓穷兵黩武,是最大限度地使每个劳动者的利益不受损害。要是这样的话,就能无敌于天下,最终行仁政王道于天下。

　　请野九一而助①,国中什一使自赋。卿以下必有圭田②,圭田五十亩,余夫二十五亩。死徙③无出乡,乡田同井,出入相友,守望相助,疾病相扶持,则百姓亲睦。方里而井,井九百亩,其中为公田。八家皆私百亩,同养公田;公事毕,然后敢治私事,所以别野人也。(《孟子·滕文公上》)

【注释】

　　①九一:即是九分之一。助:是在公田里劳作,在公田里劳作是无偿的。②圭田:以其出产供祭祀用的田地。③徙:迁徙。

【今译】

　　请考虑在郊野采取九分抽一的助法,在都市自行交纳十分抽一的赋税。卿以下(的官吏)一定要有可供祭祀用的圭田,圭田五十亩,如果家中还有剩余劳动力,每一劳力另给二十五亩。(百姓)丧葬迁居都不离乡。乡里土地在同一井田的各家,平日出入,相互结伴,守卫看护,相互帮助,一有疾病,相互照顾,那么百姓之间就亲近和睦。一里见方的土地定为一方井田,每一井田九百亩地,中间一块是公田。八家都有一百亩私田,(首先)共同耕作公田;公田农事完毕,才敢忙私田上的农活,这就是使君子和农夫有所区别的办法。

【时析】

　　如何从经济上奠定国家的基础呢? 孟子的构想是古代实施过的井田制

度。"井田制"是相传中国殷周时代实行的一种土地制度,因其把土地划成井字形,故得名。有的学者认为井田制纯属虚构,但多数学者则认为西周确有这种土地制度存在,甚至在周以前就已经存在了。所谓井田,是指将一块九百亩的地,划分为像"井"字的九块,由八家各耕其一,再共耕中间的公田。在农业社会,这不失为一种好办法。因为如此一来,农民不必另外缴税,而公田的收入归为国家公务之用。不仅如此,农民的生活以村落共同体"乡"为中心来进行。无论是出入于村落田间,还是村落的保卫,或者是对付疾病,都发挥"乡"内部的合作互助作用。这段话所描写的景况,确实让人羡慕。今天我们不可能退回到农业社会,但是,在现代城市的社区,我们依然可以设法建立"守望相助"的邻里关系。

尧舜之位天下也,非私天下之利也,为天下位①天下也,论贤举能而传焉,非疏父子,亲越②人也,明于治乱之道也。故三王以义亲,五霸以法正诸侯,皆非私天下之利也,为天下治天下。是故擅其名而有其功,天下乐其政,而莫之能伤也。今乱世之君臣,区区然皆擅一国之利,而管一官之重,以便其私,此国之所以危也。故公私之交,存亡之本也。(《商君书·修权》)

【注释】

①位:当读为"莅",治理,统治,管理的意思。②越:远。

【今译】

尧、舜居天下之位,并不是为了把天下的利益据为己有,而是为了天下的人,才居于统治天下的地位。选拔贤能的人才并把天下传给他,尧舜这样做并不是疏远儿子而亲近外人,而是明晓治与乱的道理。所以,三王用道义使天下人亲附,五霸用法度来纠正诸侯,他们都不是把天下的利益据为己有,而是为了天下人治理天下。因而,他们能独享盛名,建立功业,天下人都喜欢他们的政治,没有人能够伤害他们。当今乱世的君臣,都沾沾自喜地独占一国的利益,或掌握一官的职权,从而就追求个人的私利,这就是国家危险的原因。所以,公私的分界就是国家存亡的根本所在。

【时析】

在商鞅看来,尧、舜、周文王、周武王和春秋五霸都很了解治乱之道,并且公私分明,任人唯贤。他特别强调"为天下位天下"。天下不是君王一姓之天下,而是天下之天下。如果君王视天下为私有之物,必将最终被天下人所唾弃。只有像尧舜那样,以天下为公,为"天下人"利益而治天下,才真正洞察了治国之要。"故公私之交,存亡之本也"。弄清公私界限,才是国家治乱兴衰的根本。

古者立天子而贵之者,非以利一人也。曰:天下无一贵,则理无由通,通理以为天下也。故立天子以为天下,非立天下以为天子也;立国君以为国,非立国以为君也;立官长以为官,非立官以为长也。(《慎子·威德》)

【今译】

古时设立天子并且尊重天子,不是以此对他一人有利,而是说:天下没有一个尊贵的人,那么道理就没有办法去沟通,沟通道理是为了整个天下。所以设立天子是为了天下,而不是让天下去为天子;设立诸侯国君是为了诸侯国,而不是设立诸侯国去为了君主;设立官长是为了官府,而不是设立官府去为了官长。

【时析】

慎到(约前395—约前315),赵国人。战国时道家、法家思想家。早年学黄老道术,曾在齐国稷下讲学而负有盛名,受上大夫之禄。《庄子·天下》把他与田骈同归一派,后成为从道家分化出来的法家,主张"尚法"和"重势"。慎到在这段话里表达了法家天下为公的观念,表明君主政治的根本目的在于民众的根本利益而非君主的个人私利。依此类推,诸侯和官府也是同样的道理。这里有明显的反君主专制的内涵,与秦晋法家赞同君主专制有不同,他一定程度上反对君主专制,显然是受了道家思想影响的结果。

天之生民,非为君也;天之立君,以为民也。
(《荀子·大略》)

【今译】

上天生育民众,不是为了君主;上天设立君主,是为了民众。

【时析】

这是荀子从民与君两方面表达的公天下或天下为公的观点,其中涉及到了政治体制当中主体与客体的关系问题,即认为应该以民而不是以君为政治的主体,这在那个时代是难能可贵的思想。

且天之生民非为王也,而天立王以为民也。故其德足以安乐民者,天予之;其恶足以贼害民者,天夺之。(《春秋繁露·尧舜不擅移、汤武不专杀》)

【今译】

上天生育老百姓不是为了帝王,而上天设立帝王是为了老百姓。所以,如果一个帝王的德行足以让老百姓过上安乐的日子,上天就把权力给予他;反之,如果他没有德行,是贼害老百姓的人,上天就会把他的权力夺掉。

【时析】

这里在君权神授的观念下,讲清了天、君和民三者的关系,道出了"王"存在的理由是"为民"。天是至高无上的,既是人民生命的来源,也是帝王权力的根源。天对于帝王权力是根据德行决定予夺的。天立王是为民,所以民是政治的主体,帝王的德行就体现在是否给民以安乐。为什么这样说?因为天子自然地倾向于滥用其权力,董仲舒在这里设想以天来限制帝王,试图通过这种超越人力的神秘力量恐吓天子,这与孔子讲"忠君"但又并非君主专制的无条件拥护者,是一脉相承的。但是,我们应该看到这种思想是有局限性和幻想性的,因为君主与民是实体,而天是虚体,董仲舒虽然赋予天那么大的权力,但是在实际政治生活中,天的权力是难以落实的,是虚幻的,因而,民的政治主体地位实际上也就没有办法得到保证。

孔子曰:"不患贫而患不均",故有所积重①,则有所空虚矣。大富则骄,大贫则忧。忧则为盗,骄则为暴,此众人之情也。圣者则于众人之情,见乱之所从生,故其制人道而差上下也,使富者足以示

天下大同

◇ 三七 ◇

贵而不至于骄，贫者足以养生而不至于忧。 以此为度而调均之②，是以财不匮而上下相安，故易治也。今世弃其度制，而各从其欲，欲无所穷而俗得自恣，其势无极。大人病③不足于上，而小民羸瘠④于下，则富者愈贪利而不肯为义，贫者日犯禁而不可得止，是世之所以难治也。（《春秋繁露·度制》）

【注释】

①积重：积聚，积储。②度：法则、法度。调均：均匀、匀称。③病：以不足为心病。 ④羸瘠：瘦弱。

【今译】

孔子说过："贫穷并不可怕，可怕的是贫富不均。"所以在某一方面有所侧重就会带来某一方面无法避免的问题。财富太多就会骄傲，太穷就会忧虑。忧虑便会想去做盗贼，骄傲了容易变得暴虐，这都是人之常情。圣人从众人的常情看到祸乱的根源，所以制定社会的规范使上下之间有所差别，让富人可以显示他们的尊贵而不至于骄傲，让穷人可以生存不至于担忧，拿这个标准来调配均衡，就可以使财货不匮乏，社会上下安定，也就容易治理了。如今把这制度抛弃了，全凭着个人的私欲，欲望没有止境，社会上可以胡作非为。这种局面发展下去，在上面的统治者总会抱怨财货不够，而下面的民众会贫困不堪，这样以来富人就会愈发贪图好处而不会做符合道义的事了，贫困的人经常犯法而不能休止，这就是社会难以治理好的原因啊！

【时析】

这就是说，贫富差距若是超过了某一限度，就可能引起社会的动荡不安，而破坏这个"度"的主要责任者又在"上"。因此，董仲舒从国家的长治久安着眼，试图用调均来缩小社会上贫富之间的差距，缓和社会矛盾。在董仲舒看来，无论是对于高高在上的"大人""富者"，还是处于底层的"小人""贫者"，都需要通过制定礼法制度进行规范，而不能完全顺着人们的私欲泛滥。

文学①曰："孔子曰：'有国有家者，不患寡而患不均，不患贫而患不安。'故天子不言多少，诸侯不言利害，大夫不言得丧②。畜③仁义以风之，广德行以怀之。是以近者亲附而远者悦服。"（《盐铁论·本议》）

【注释】

①文学：指"贤良文学"，原本是汉代选拔官吏的科目之一，分称"贤良"或"文学"，始于武帝时。西汉后期，儒生往往借此取得出身，故称儒生为"贤良文学"或简称"文学"。②得丧：得失，指名利的得到与失去。③畜：通"蓄"。

【今译】

贤良文学说："孔子说过：'对于诸侯和大夫，不用发愁境内的财富少，而担忧财富分配不均；不用发愁所统治的人口少，而担心社会不安定。'所以，天子不说什么多少，诸侯不说什么利害，大夫不说什么得失。培养仁义来教化他们，宣扬德行来安抚他们。因此，近处的人亲近归附，远处的人心悦诚服。"

【时析】

贤良文学在这里引用孔子的话进行发挥，希望自天子、诸侯、大夫不要都站在自己的利益上看待问题，而应该以仁义对老百姓进行教化，以德行来对老百姓进行安抚，这样就能够达到"近者亲附而远者悦服"的效果，天下自然大治。这是对孔子《论语·子路》"近者悦，远者来"思想的继承。

天下乃皇天之天下也①**……夫官爵非陛下之官爵，乃天下之官爵也……治天下者当用天下之心为心，不得自专快意**②**而已也。**（《汉书·鲍宣传》）

【注释】

①皇天：昊天上帝或皇天上帝，俗称苍天、青天、老天爷，泛指主宰天地宇宙的神。②快意：恣意所欲。

【今译】

天下是皇天上帝的天下……官爵也不是陛下您的官爵，而是天下人的官爵也……所以，治理天下的人应当以天下人的心为心，不得自我专断，恣意所欲啊！

中国传统文化经典语录

【时析】

　　这是西汉谏大夫鲍宣上书汉哀帝言事中语。封建专制统治者的本质即专权独断,集生杀予夺之权于一身,其政治举措一般也与天下百姓心中所想的不同,不可能"用天下之心为心"。然而为了维护统治,安定民心,最高统治者也不能滥施淫威,为所欲为,自身的权力也要受到一定的限制,才能令政权得以维持。鲍宣所言也是在这一前提下发出的。

　　　臣闻天生蒸民①,不能相治,为立王者以统理之,方制海内②非为天子,列土封疆③非为诸侯,皆以为民也。垂三统④,列三正⑤,去无道,开有德,不私一姓,明天下乃天下之天下,非一人之天下也。(《汉书·谷永传》)

【注释】

　　①蒸民:民众,百姓。②方制:是说方始制定疆域。海内:古代传说我国疆土四面环海,故称国境之内为海内。③列:同"裂"。封疆:划定疆界。列土封疆:帝王将土地分封给大臣。④三统:西汉时期董仲舒提出的黑、白、赤三统循环的神秘主义历史观。董仲舒认为,每个相继的朝代都要改正朔,易服色,就起居饮食和制度的具体形式作一些改变,自成一统,以应天命。三统循环是天意的显示,每个朝代的新统治者受天命为王,都必须按照在三统中循环的位置,相应地确定和改变正朔、服色等等。否则就是"不显不明",违背天志。⑤三正:古代的"三正"是夏正(建寅的农历月份,就是现行农历的正月)、殷正(建丑,即现行农历的十二月)、周正(建子,即现行农历的十一月)。夏正以正月为岁首,殷正以十二月为岁首,周正以十一月为岁首。夏正建寅、殷正建丑、周正建子是夏商周三代轮流更改正朔,因"王者始起"要"改正朔""易服色",以表示受命于天。

【今译】

　　我听说上天生育了老百姓,还因为他们自己不能互相为治,就设立了王者统一治理。王者方始制定国境之内的疆域并不是为了自己,将土地分封给大臣也不是为了诸侯,都是为了老百姓啊!王者垂黑、白、赤三统,安排建寅、建丑、建子三正,去掉无道之人,提拔有德之臣,不把天下国家当成自家的私产,让人们知道天下是天下人的天下,不是帝王一个人的天下。

【时析】

　　这是汉代儒者谷永写进奏章里的话,表达的是公天下的道理,是呈给皇帝看的,皇帝也不会不高兴,这是因为当时的观念就是这样。这种"天下非一人之天下"的理论推演至极端,就是皇帝应该畏天知命,在天命将尽时退位让贤。谷永带有汉代经学家的理想和无畏的批判精神,是中国传统文化所包含的民主性精华。

> 所见者,谓昭定哀,己与父时事也;所闻者,谓文宣成襄,王父时事也;所传闻者,谓隐桓庄闵僖,高祖曾祖时事也。……于所传闻之世,见治起于衰乱之中,用心尚麤觕①,故内其国而外诸夏,先详内而后治外,录大略小,内小恶书,外小恶不书,大国有大夫,小国略称人,内离会书,外离会不书,是也。于所闻之世,见治升平,内诸夏而外夷狄,书外离会,小国有大夫。……至所见之世,著治太平,夷狄进至于爵,天下远近大小若一,用心尤深而详,故崇仁义,讥二名②。(《春秋公羊经传解诂·隐公元年注》)

【注释】

①麤觕(cū):粗略,粗糙。麤、觕,为"粗"的异体字。②二名:两个字的名字。《公羊传》:"二名非礼也。"就是说双名是不符合礼制的。

【今译】

孔子能够见到的是昭、定、哀三世,他自己与父亲经历过这个时代的事情;孔子听在世的人说过的是文宣成襄四世,祖父经历过那个时代的事情;孔子经过文献资料知道的是隐桓庄闵僖五世,高祖、曾祖经历过那个时代的事情。……《春秋》在所传闻之世体现的是对衰乱之世的治理,着眼点还比较粗疏,所以先注重鲁国,然后才及于其他华夏各国;对鲁国记载得比较详细,对其他华夏各国记载得比较简略;对内的"小恶"要记载,对外的"小恶"就不记载;对大国要记录大夫名氏,对小国可不记录或称"人";对内国君相会要记录,对外国君相会不记录。《春秋》在听闻之世体现的是升平之世的治理,对内注重的是华夏各国,对外注重四周夷狄,对外国君相会要记录,对小国要记录大夫名氏。……等到所亲见之世体现的是太平之世的治理,四周夷狄开化进入成为华夏了,天下国家无论远近大小文明程度趋于一致,《春秋》的着眼点便由深而详,所以既崇仁义,还讥二名。

【时析】

　　何休的"公羊三世说"是在解释《春秋》时结合鲁国的历史实际加以发挥的。照何休的说法,《春秋》所记的过程,是孔子在理想上变"衰乱世"为"升平世""太平世"的过程。这样,他通过对鲁国这一短暂历史的解释,向人们明确地揭示:人类的历史与世界其他事物一样,都是发展的。这种发展是有规律可循的,是由乱到治、从低级到高级、由野蛮到文明、一步一步、循序渐进、日益向上的,由衰乱,到升平,到太平,就进入了"大同"。

　　　　虚①含虚,神含神,气含气,明含明,物含物。达此理者,情可以通,形可以同。同于火者化为火,同于水者化为水,同于日月者化为日[月],同于金石者化为金石。唯大人②无所不同,无所不化,足可以与虚皇③并驾。(《化书·大同》)

【注释】

　　①虚:《化书》的基本哲学思想是老庄的虚无思想,认为"虚"是世界的本原,世界万物起源于"虚",最终又复归于"虚"。②大人:得道的人。③虚皇:即虚皇天尊。据道教说法,太乙救苦天尊居于青华长乐界,东极妙严宫,统领青玄左府一切真仙,掌握三界救苦之事。为了普度众生,他有很多的化身,最著名的是化为"十方救苦天尊"。即:东方玉宝皇上天尊,南方玄真万福天尊,西方太妙至极天尊,北方玄上玉宸天尊,东北方度仙上圣天尊,东南方好生度命天尊,西南方太灵虚皇天尊,西北方无量太华天尊,上方玉虚明皇天尊,下方真皇洞神天尊。

【今译】

　　虚包含着虚,神包含着神,气包含着气,明包含着明,物包含着物。能够通达这个道理的,情理就可以通达,形体就可以一同。与火一同的可以化为火,与水一同的可以化为水,与日月一同的可以化为日月,与金石一同的可以化为金石。只有得道的人没有什么东西不能与之同一的,没有什么东西不能随之变化的,完全可以与虚皇天尊并驾齐驱。

【时析】

　　谭峭,五代时道士,道教学者,字景升,生卒年不详,泉州(今属福建)人。

幼而聪敏，颇涉经史。其父叫他以进士为业，而谭峭却醉心于黄老诸子以及道教典籍，遂弃家学道，遍游终南、太白、太行、王屋、嵩山、华山、泰山诸名山不复归。师嵩山道士十余年，得辟谷养气之术。著有《化书》110篇。谭峭在这里以"虚"为依据，表达了对天地万物相互包含、相互一同、相互变化的观点。这就是试图泯灭一切差别，追求"无所不同"之"大同"境界。这当然是道家的同于大道(虚)的大同，实际上是一种与道合一的精神境界。

> 非兔狡①，猎狡也；非民诈，吏诈也。慎勿怨盗贼，盗贼惟我召；慎勿怨叛乱，叛乱禀②我教。不有和睦，焉得仇雠；不有赏劝，焉得斗争。是以大人无亲无疏，无爱无恶，是谓太和。(《化书·太和》)

【注释】

①狡：狡猾；狡诈。②禀：承受，生成的。

【今译】

不是兔子狡猾，而是猎人狡猾；不是老百姓奸诈，而是官吏奸诈。千万不要怨恨盗贼，盗贼都是我们自己招来的；千万不要怨恨叛乱，叛乱都是在我们的教化下生成的。如果没有和睦相处，怎么会有仇敌；如果没有赏赐奖勉，怎么会有斗争。所以，得道之人没有亲疏远近，不言喜爱憎恶，这就是所谓的太和。

【时析】

谭峭在这里本着道家思想，提出了一种返朴归真的太和理想。他认为人类社会的早期阶段，没有尊卑和争夺，人们友好相处。以后有了分化，有君民、贵贱之别；在上者穷奢极欲，聚敛不已，刑戮不止，遂激起人民的反抗。为此，他主张"均食""尚俭"，幻想建立一个无亲、无疏、无爱、无恶的"太和"社会。他所说的"不有和睦，焉得仇雠；不有赏劝，焉得斗争"，我们可以看成是一种愤世嫉俗的正言若反，并不是他不赞成人与人和睦相处，不赞成社会的奖赏公平合理。

蝼蚁之有君也，一拳之宫，与众处之；一块之

台，与众临之；一粒之食，与众蓄之；一虫之肉，与众咂之；一罪之疑，与众戮之。故得心相通而后神相通，神相通而后气相通，气相通而后形相通。故我病则众病，我痛则众痛，怨何由起，叛何由始？斯太古之化也。（《化书·蝼蚁》）

【今译】

蝼蚁有君主，可它在只有一个拳头那么大的宫殿当中，与所有的蝼蚁相处；在一块土台上，与所有的蝼蚁身临；哪怕只有一粒粮食，也与所有的蝼蚁一起储蓄；即使一小块儿肉，也与所有的蝼蚁同吃；它们当中谁有了一点犯罪的疑虑，蝼蚁王就与大家一块儿杀死它。因而，它们是心心相印而后精神相通，精神相通而后意气相通，意气相通而后形体相通。所以，蝼蚁王病了大家都好像得了病，蝼蚁王有痛苦大家都好像感到疼痛。这样的话，怨恨怎么会产生，叛乱有什么理由发动？这就是太古时代有道大化的情形。

【时析】

谭峭分析了统治者的强取豪夺、残酷剥削，是造成人民痛苦、社会动乱的根本原因。指明了统治者的享乐腐化，是加重剥削、贫富悬殊的内在因素。但他找不到彻底改造社会、铲平压迫剥削制度的办法，只能寄幻想于远古社会，以"蝼蚁"社会加以比拟，并作了具体的描绘，以蝼蚁平等互助的生存状态来形象地说明"太古之化"。这里有王者，但是一切为公共所有，共老共享，彼此关怀，没有剥削和被剥削、压迫和被压迫的区分，因而彼此不存在怨仇，自然也就没有战争，这样的王者，食人民之所食，衣人民之所衣，享人民之所享，乐与民同乐，忧与民同忧，与人民同意气，与人民同感情。虽然身为王者，实际上只不过是人民当中的一分子。显然，他是幻想建立一个像蝼蚁那样的没有剥削、没有压迫、君与民共同劳动、共同生活、共同治理的社会。

（方腊起义时），有甚贫者，众率财以助，积微以至小康矣。（《三朝北盟会编》卷一三七）

【今译】

北宋方腊起义时，有非常贫穷的人，大家一块儿积聚财产来帮助他，积少成多，以至于使他达到小康水平。

【时析】

　　这是农民起义时的一种做法，反映了中国古代农民相互帮助，追求小康的行动。但是，这只是一种局部的特殊条件下的"小康"，还不是建设真正意义上的小康社会，是农民对小康社会的自发努力，不像我们今天是在生产力高度发展的基础上自觉地建设小康社会，追求共同富裕。

　　　　人君当与天下大同，而独私一人，非君道也。

　　（《周易程氏传》卷一）

【今译】

　　君主应当与天下人共有大同世界，而如果独自把天下当成一家一姓的私产，那不是为君之道。

【时析】

　　这是理学宗师程颐说的，是从道的高度对君主提出了与天下人共有大同世界的要求。

　　　　古者以天下为主，君为客，凡君之所毕世①而经营者，为天下也。今也以君为主，天下为客，凡天下之无地而得安宁者，为君也。是以，其未得之也，屠毒天下之肝脑②，离散天下之子女，以博我一人之产业……其既得之也，敲剥天下之骨髓，离散天下之子女，以奉我一人之淫乐。……呜呼！岂设君之道固如是乎！古者，天下之人爱戴其君，比之如父，拟之如天，诚不为过也。今也，天下之人怨恶其君，视之如寇仇，名之为独夫，固其所也。

　　（《明夷待访录·原君》）

【注释】

　　①毕世：毕生。②屠毒：毒害，残害。肝脑：肝与脑，借指身体或生命。

【今译】

古代的时候，天下是主体，君主是客体，君主一生的经营谋划都是为了治理好天下。今天，君主成了主体，天下成了客体，弄得天下没有一处是安宁的，就是为了君主的利益。是这样，君主在还没有获得政权的时候，残害天下人的生命，离散天下人的妻子儿女，是为了博得我一个人的家业……已经获得政权以后，敲剥天下人的骨髓，离散天下人的子女，是为了供奉我一个人的淫乐。哎呀！难道为君之道竟然就是这样的吗？古代的时候，天下的人爱戴他们的君王，把君王比做父亲，比做昊天，确实不为过啊。今天，天下的人怨恨厌恶他们的君主，把君主看成寇仇，称君主为独夫，本来是符合这些道理的。

【时析】

黄宗羲认为，在古代是以天下百姓为"主"位，而君主则为"客"位的，因此，君主毕生的事业都是为了天下百姓。然而到了后世，这种关系颠倒了，君主变成了"主"位，而天下百姓倒成了"客"位。君主把天下看做自家的产业，对百姓不顾其死活，百般进行盘剥，以供其自家享乐。对于这种颠倒现象，黄宗羲进行了激烈的批判。他质问道，设立君主的目的和道理，难道就是如此吗？从而，他认为，现在的老百姓怨恨其君主，把他看做仇敌一样，咒骂他为"独夫"等等，也就是理所当然的了。他的理想是要求回归到古代天下百姓为"主"、君主为"客"的关系上去，这显然与荀子"立君为民"的思想有一定的关联。

> 不以一己之利为利，而使天下受其利；不以一己之害为害，而使天下释①其害，此其人之勤劳必千万于天下之人。夫以千万倍之勤劳而己又不享其利，必非天下之人情所欲居也。（《明夷待访录·原君》）

【注释】

①释：解除，免除。

【今译】

不要以个人的利益为利益，而要使天下的人都能得到利益；不要以个人的灾害为灾害，而要使天下的人都能免除灾害。这样，这个人的勤劳程度一定要超过天下人千万倍的勤劳。如果以超过天下人千万倍的勤劳而不能享受到一点好处,这一定不是天下正常人所愿意去做的。

【时析】

　　这是在抨击儒教嘉许之"君子",即那些英雄主义、自我牺牲的社会公仆。他们实际上是做不到那么高大、完美的,所以往往形成伪善人格。

　　凡天下田,天下人同耕,此处不足,则迁彼处,彼处不足,则迁此处。凡天下田,丰荒相通①。此处荒则移彼丰处,以赈此荒处;彼处荒则移此丰处,以赈彼荒处。务使天下共享天父上主皇上帝②大福,有田同耕,有饭同食,有衣同穿,有钱同使,无处不均匀,无人不饱暖也。(《天朝田亩制度》)

【注释】

　　①丰荒相通:丰收的地方与荒灾的地方互通有无。反映了他们对灾荒问题的基本看法。这种以丰赈荒,移粟救民的救灾办法是比较切实可行的。②天父上主皇上帝:洪秀全是信仰"拜上帝教"的,所以天父上主皇上帝,就是指上帝。

【今译】

　　凡是天底下的田地,天下的人都可以耕种。这里的土地不足,就可以迁移到那里;那里的土地不足,就可以迁移到这里。凡是天底下的田地,丰收的地方与荒灾的地方互通有无。这里发生了灾荒就迁移到那里丰收的地方,以救济这里的灾荒;那里发生了灾荒就迁移到这里丰收的地方,以救济那里的灾荒。务必使天下人都能享到天父上主皇上帝的大福,能够有田同耕,有饭同吃,有衣同穿,有钱同使,没有不均匀的地方,没有不饱暖的人。

【时析】

　　《天朝田亩制度》是太平天国最重要的文献之一,它是以解决土地问题为中心,包括社会组织、军事、文化教育诸方面的太平天国的纲领性文献。当然,土地制度是它首先的、同时也是最基本的内容。该制度虽未明确宣布土地为国家所有,但从"凡天下田,天下人同耕,此处不足则迁彼处,彼处不足则迁此处"等规定来看,实际上仍然否定了包括地主土地所有制在内的土地私有制,企图建立土地公有制。表现了农民的农业社会主义思想,即以小农经济为基础的平均主义思想。这种思想在一定的历史条件下,一些方面有巨大的革命性,其中的反封建精神,鼓舞着千百万农民群众,为推翻封建的土地制度而斗争。但是,要在个体劳动、分散经营、农业和手工业相结合的小农经济的基础上废除私有制,并绝对平均分配所有财物,这是一种空想,加上连年征战,在当时的历史条件下是不能实现的。所以,太平天国在江西、安徽等地实行比较切合实际的"照旧交粮纳税"的办法。从思想渊源上看,《天朝田亩制度》既继承了儒家大同思想

郑和航海图

的某些方面,又继承了中国两千多年来农民起义一脉相承的长期斗争的目标与所追求的理想,还吸收了基督教原始教义的一些内容。洪秀全本儒生,通经史,明乎儒家大同学说,又长期生存在社会底层,他还领会了西来的基督教义,把中西哲理融会于一炉,创立了拜上帝教的大同说。

地球之治也,以有天下而无国也。……人人能自由,是必为无国之民。无国则畛域①化,战争息,猜忌绝,权谋弃,彼我亡,平等出;且虽有天下,若无天下矣。君主废,则贵贱平;公理明,则贫富均。千里万里,一家一人。视其家,逆旅②也;视其人,同胞也。父无所用其慈,子无所用其孝,兄弟忘其友恭,夫妇忘其唱随③。若西书中《百年一觉》④者,殆⑤仿佛《礼运》大同之象焉。(《仁学》)

【注释】

①畛域:界限。②逆旅:我国古代对旅馆的别称。③唱随:"夫唱妇随"的略语,比喻夫妇和睦相处。④《百年一觉》:据周振甫先生的《谭嗣同文选注·仁学》中注释说是美国华

天下大同

盛顿·欧文作《吕柏大梦》。书中人睡了百年才醒来，已经没有父子、兄弟、夫妇，也无所用其慈孝、友恭、唱随。另据郭延礼，是指美国作家爱德华·贝拉米的政治小说《百年一觉》，大意是写美国人韦斯特，因患失眠症，在30岁的某一天晚上用了催眠术昏睡过去，一觉醒来时，已是113年后，即公元2000年。此时的美国已发生了巨大变化：全国工厂林立，交通发达，老百姓均努力工作和劳动，人人平等，各尽其力。社会物质财富极大丰富，道德高尚、文明礼貌，无罪犯，无监狱，也没有军队，俨然是人间天堂。但正当韦斯特沉浸在赞叹和甜蜜回忆中时，一觉醒来，却原来是南柯一梦。这是一部乌托邦式的政治幻想小说，首次译入我国，刊登在1891年12月至1892年4月的《万国公报》上。

⑤殆：几乎，差不多。

【今译】

　　要把地球治理好，应该是只有天下而没有国家的观念。……人人都要有自由的话，一定是没有国籍的人民。没有国家，则人与人之间的界限就没有了，国与国之间的战争就停息了，人们之间不再相互猜忌，不再运用权谋，你我之间的差异消失，平等的关系确立。这样，虽然有天下，就像没有天下一样。君主制度废除，贵贱就平等；公认的道理明确，贫富就均衡。无论千里万里，天下一家，世界一人。人们把自己的小家，看成像旅馆一样；把陌生的路人，看成自己的同胞。父亲没有地方使用他的慈爱，儿子没有地方使用他的孝敬。兄弟之间关系很好，忘了还有兄友弟恭；夫妇之间相敬如宾，忘了还有夫唱妇随。就像西方人《百年一觉》中描写的，差不多就是《礼运》大同所描绘的景象。

【时析】

　　谭嗣同在继承中国传统儒家大同思想的基础上吸收了西方近代的空想社会主义思想，提出了自己对治理"地球村"的看法，即人们应该只有天下而没有国家的观念，取消国籍，打破国与国之间的疆界，只有这样，不但能够使各国人民都获得绝对的自由，而且国家与国家之间的战争也会自动停息。虽然国界保护了各个国家的安全，但是也造成了国家与国家之间的互不信任和战争。如果只有天下而没有国家的观念，就能使不同民族、不同国家的人民有天下一家、世界一人的感觉，这是地球上所有人民和睦相处，建设和谐，促进人类走向大同的正确道路。这确实是非常美好的理想，但是具有空想性，缺乏具体实现的方法和途径。

**　　吾中国二千年来，凡汉、唐、宋、明，不别其治乱兴衰，总总皆小康之世也。凡中国二千年儒先所言，自荀卿、刘歆、朱子之说，所言不别其真**

伪、精粗、美恶，总总皆小康之道也。其故则以群经诸传所发明，皆三代之道，亦不离乎小康故也。夫孔子哀生民之艰，拯斯人之溺，深心厚望，私欲①高怀，其注于大同也至矣。但以生当乱世，道难躐等②，虽默想太平，世犹未升，乱犹未拨，不能不盈科乃进③，循序而行。……今者中国已小康矣，而不求进化，泥守旧方，是失孔子之意，而大悖其道也。（《礼运注叙》）

【注释】

①私欲：本意是指人自私的欲望，这里指孔子高怀大同理想，但是没有人理解，而成为"个人的愿望"。②躐（liè）等：逾越等级，不按次序。③盈科乃进：语出《孟子·离娄下》："源泉混混，不舍昼夜，盈科而后进，放乎四海。"原意是指流水把低洼之地注满然后才能继续前行，这里有渐进的意思。

【今译】

我们中国二千多年来，无论是汉、唐、宋、明，不管是治乱兴衰，总的都是小康之世。中国二千多年来儒者们所说的，自从荀子、刘歆、朱熹等人的学说，不分辨他们的真与伪、精与粗、美与恶，总的都是小康之道。要问原因，历代大量的经传所发明的都是三代之道，也不曾离开小康之道的缘故。孔子哀怜老百姓的困苦艰难，要拯救当时人们的沉迷不悟，深心寄予厚望，高怀大同理想，在《礼记·礼运》当中的大同思想可以说是达到了顶峰。但是，他以生当乱世，难以逾越大道实现的次序，虽然常常默想太平之世情景，可是自身所处的时代还是混乱不休，不能不先完成一步再走下一步，循序渐进。……今天，中国已经达到了小康，而人们不求进化，固守陈旧的规矩，这有失孔子的本意，而且大大地违背了他所阐发的大道。

【时析】

在康有为看来，孔子的大同小康说便是孔子时代的济世良方，可惜的是三代以下直到他那时为止的整个中国社会皆是"小康"，"孔子之道"却长期被湮没，未能显出它的作用。所谓"孔子之方"，康有为的意思就是从孔子的大同之说提出到现今，中国社会只是停留在"小康"阶段，必须进化到孔子所倡的"大同"。大同就是人类社会进化的方向，大同就是"安天下，乐群生"的归宿，就是通向美好未来的"大道"。他觉得现在是到了追求大同的时候了。

大道者何？人理至公，太平世大同之道也。三代之英①，升平世小康之道也。孔子生据乱世，而志则常在太平世，必进化至大同，乃孚素志②。至不得已，亦为小康。而皆不逮③，此所由顾生民而兴哀也④。（《礼运注》）

【注释】

①三代之英：指夏商周三代的精英，如文武周公这样的圣贤人物。②孚：相信，信任。素志：平素的志愿。③逮：逮及，达到，实现。④顾：眷念，顾及。

【今译】

大道是什么？人道最公正的真理，就是太平世所行的大同之道。夏商周三代的精英所推行的，也只不过是升平世所行的小康之道。孔子生长于据乱世，而他的志向则常常寄托在太平世。他相信人类必然经过进化由"据乱"、"升平"最后达到大同境界，这才是他确信不疑的志愿。但是，实际上，他不得已也想为小康之道，却都没有实现，这就是他顾惜老百姓而产生悲哀之情的原由。

【时析】

这是康有为对《礼记·礼运》注解时，就"大道之行"一句而作的诠释。"据乱""升平""太平"三世，是春秋公羊家的说法，康有为受到了近代西方进化论思潮的影响，借用它来说明历史进化是从据乱世经升平世（即"小康"社会）到达太平世（即"大同"社会）。"大同"是孔子理想社会的终极目标，但始终没有条件实现。"人理至公，太平世大同之道也"一句可以说是大同社会要体现的主要精神，就是要使人世间的一切事象公正、公平、合理。可见，他提出大同学说的目的在于救国救民，追求人类的公平正义。

三世为孔子非常大义，托之《春秋》以明之。所传闻世为据乱，所闻世托升平，所见世托太平。乱世者，文教未明也；升平者，渐有文教，小康也；太平者，大同之世，远近大小如一，文教全

备也。(《春秋董氏学》卷二)

【今译】

三世说是孔子思想当中具有特别重要性的思想,康有为借《春秋》来阐明。孔子以所传闻世对应据乱之世,以所闻世对应升平之世,以所见世对应太平之世。认为所谓据乱之世,就是指道义没有明确,教化未能实行;所谓升平之世,就是逐渐有了礼文教化,达到了小康;所谓太平之世,也就是大同之世,不管距离中原华夏远近,不管国家面积大小,都同样发达起来,礼文教化齐全完备。

【时析】

这里康有为阐发孔子的三世说,认为"据乱世"是"文教未明""人王总揽事权"的君主专制社会;"升平世"是"渐有文教""人主垂拱无为"的君主立宪社会;"太平世"是"文教全备""一切平等"的民主共和社会。从据乱世到升平世到太平世是社会进化的必由之路,也是社会制度的改革内容和价值导向。康有为在这里承袭了董仲舒《春秋繁露》的"传闻世""有闻世""有见世",也借鉴了何休《公羊解诂》的"衰乱世""升平世""太平世"之说,并与"大同""小康"之说联系起来,以人类文明进步程度作为划分人类社会发展阶段的标准,进而,他又把三世说与政体形式结合起来,如此以政体形式为标准划分人类社会发展阶段,从而把孔子所寄托的由衰乱之世到王化大行的理想落到实处,使之成为真切可知、可行的。

吾既生乱世,目击苦道①,而思有以救之,昧昧②我想,其惟行大同太平之道哉!遍观世法,舍大同之道而欲救生人之苦,求其大乐,殆无由也③。大同之道,至平也,至公也,至仁也,治之至也,虽有善道④,无以加此矣。(《大同书·甲部·绪言》)

【注释】

①苦道:佛教三道之一。佛教认为,生死流转之因果(十二缘起)可赅摄于惑道、业道、苦道三种道类中。其中,苦道涵摄识、名色、六入、触、受、未来之生、老死七支。惑、业、苦三道互立相通,从惑起业,从业感苦,从苦复起惑,展转相通,生死不绝,故称苦道。②昧昧:形容深思的样子。③殆:几乎,差不多。由:行走。④善道:好的途径,好的方法。

【今译】

我已经生长在这个乱世，看着人们在苦道上流转，而思考用什么来解救他们。沉思默想了好久，看来只有推行大同太平之道了。我浏览了世界上各种各样的治世大法，发现离开大同之道而试图解救众生的痛苦，寻求巨大的快乐，差不多都是行不通的。大同之道是最最平衡的，最最公正的，最最仁爱的，是治理天下的最高境界，虽然世界上有许多好的途径，都没有办法再附加在大同之道上了。

【时析】

这是康有为对儒家大同之道的现代发挥和极高的赞扬，从思想上看，他以儒家的社会理想为基础，吸收了佛教的一些观念，也受到了近代西方社会思潮的影响。但是，他最后还是认定儒家的大同之道是世界上最最完美的治理之道。

> **无邦国，无帝王，人人相亲，人人平等，天下为公，是谓大同。**（《大同书·乙部·去国界合大地》）

【今译】

没有国家，没有帝王，人人亲爱，个个平等，都以天下为公，这就叫做大同。

【时析】

这是康有为自己对大同的一个定义，简洁地阐明了大同的基本思想。

> **惟天为生人之本，人人皆天所生而直隶**①**焉，凡隶天之下者皆公之，故不独不得立国界，以至强弱相争，并不得有家界，以至亲爱不广，且不得有身界，以至货力自为。故只有天下为公，一切皆本公理而已。**
>
> **……分等殊异，此狭隘之小道也；平等公同，此广大之道也。无所谓君，无所谓国，人人皆教养于公产而不恃私产，人人即多私产，亦当分之于公产焉，则人无所用其私，何必为权术诈谋以害信**

义？更何肯为盗窃乱贼以损身名？非徒无此人，亦复无此思，内外为一，无所防虞②。故外户不闭，不知兵革③。此大同之道，太平之世行之。（《礼运注》）

【注释】

①直隶：直接隶属的意思。②防虞：谓防备不虞之患。③兵：兵器。革：甲胄。兵革：这里指战争。

【今译】

只有天是人生命的本源，我们每个人都是天所生而且直接隶属于天。凡是隶属于天的人都是公有的，所以，不但不得定立国界把人们分割开来，以至于造成弱肉强食，争战不已，并且不得有家庭的分界，使得人们亲爱的情感不能广布，而且不得有身份的界限，以至于财货自己占有，劳力为自己做事。因此，只有以天下为公，一切以公理为根本。

……把人们分别等级和差异，这是狭隘的小道；只有平等大公和大同，这才是广阔的大道。无所谓君主，无所谓国家，人人都在财产公有的情况下接受教育和培养，而不是自恃私有财产，这样，人人有很多私有财产，也应当分出一部分到公有财产去。那么，人们没有地方使用自己的私心，何必做一些权术诈谋来伤害诚信和道义，更进一步怎么会做那些盗窃乱贼的事情来损害自己的身体和名声！不但没有这样的人，也没有这样的心思。内外打成一片，没有必要防备不虞之患，所以，大门不用关闭，社会没有战争。这就是大同之道，是太平之世应该推行的大道。

【时析】

康有为在这里进一步阐明了儒家的大同之道，反对把人们分别等级和差异，提出财产公有，加强社会教化，强调"只有天下为公，一切皆本公理"是太平之世应该推行的大道。这就为儒家的大同思想奠定了理论基础，可以与现代世界接轨。

天下为公，选贤与能者，官天下①也。夫天下国家者，为天下国家之人公共共同有之器，非一人一家所得私有，当合大众公选有以任其职，不得世传其子孙兄弟也，此君臣之公理也②。（《礼运注》）

【注释】

①官天下：尧舜时实行禅让制度，君主挑选贤良之人继承君位，称为官天下，到禹时君位传给儿子，称为家天下。"官天下"实际上就是"公天下"。②公理：指社会上多数人公认的正确的道理。

【今译】

《礼记·礼运》篇中所说的"天下为公，选贤与能"的意思，是指尧舜时实行禅让制度，君主挑选贤良之人继承君位的"官天下"。天下的国家，是天下国家的人共同拥有的东西，不是一人一家的私有财产，所以君主（国家首脑）应当通过大众的公选才能任职，不得世世代代传给自己的子孙兄弟，这就是君主（国家首脑）与臣民（公民）应该遵守的公理。

【时析】

这是康有为在《礼运注》中对《礼记·礼运》篇中所说的"天下为公，选贤与能"的现代诠释。在这里，康有为所认为的公即人民大众共同拥有国家，共同治理国家，而这种"公"，是相对于"家天下"而言的。自从夏代开始，中国的政权一直是由皇帝为首的统治阶级所掌握，所以皇帝可以无比自豪地说"朕即天下"。而且"普天之下莫非王土，率土之滨莫非王臣"。皇位是以家为单位父子兄弟相传，是一种"家天下"的传统。康有为在这里提出"天下为公"，是对"家天下"的一种有力的批判和否定，并结合现代社会，提出了国家首脑与公民应该遵守的公理。这对于正在走向民主社会的中国仍然有其现实意义。

天下大同

◇ 五五 ◇

天下一家

老者安之，朋友信之，少者怀之。(《论语·公冶长》)

【今译】

(我的志向是)老人能享受安乐，朋友能信任交往，少儿能得到关爱。

【时析】

这一句是孔子述其志，在孔子思想中具有特殊的意义，它与孔子追求的大同社会理想有关。话很简洁，但却有着极为丰富的思想内涵。"老者安之"，直接与"孝道"和"仁道"相关联。老者不安，应是孝道出了问题。孝道有问题，涉及仁道，由亲情之爱，影响到了整个社会的人道关怀。"朋友信之"，直接与"诚信"和"交友"之道相关联。"朋友"关系，是儒家重视的伦理关系中最倾向于社会方面的人伦，也是最具有现代意义的层面。在广义上，"朋友"关系涉及社会秩序问题。朋友不信，就会产生猜忌、倾轧和争斗。每一个朋友的后面都有一个"家"(家族，氏族)，争斗的连绵，就会导致乱世。这是孔子当时的社会现实的反映，也是孔子非常焦虑，试图极力遏制、消弭的社会现象。"少者怀之"，与孔子的社会教化思想有关。少年人(青年人)得到关爱，社会便有淳厚之风，文明的薪火就会在和谐的环境下代代相传。所以，这三个志向，孔子不是随意说出的，而是深思熟虑的结果，可见孔子"理想国"的风景。

司马牛忧曰："人皆有兄弟，我独亡①。"子夏曰："……四海②之内皆兄弟也，君子何患乎无兄弟也？"(《论语·颜渊》)

【注释】

①亡：无。②四海：即北海、东海、南海、西海。这里的"海"，其本意是泛指辽远无边的未知地域(含水域)，并不仅指储水的"海"。实际上是指中国以外的其他地方。

【今译】

司马牛忧虑地说:"别人都有兄弟,独我没有。"子夏说:"……四海之内都是兄弟,君子何必担心没有兄弟?"

【时析】

"四海之内皆兄弟也"这句话是有来历的。远古时中国人认为自己居住在"四海"的中央,称四周天下为"四海"。作为《论语》里一句经典的语录,它是儒家一个很高境界的政治理想。这一句经典语录把中国人以血脉为经,以文化为纬织起了一张富有人情味的网络,让我们彼此感到人性、仁爱的交融和手足情深的温暖,反映了中国文化巨大的包容性、涵盖性和人文精神。在联合国也挂上了这句名言,说明这句经典语录已经为世界所认同。它以一种特殊的方式传达一个声音:世界无论多大,其实就是一个大家庭,而我们每一个生命的个体彼此为兄弟姐妹。今天全球化已经是不可阻挡的历史趋势,经济、科技的发展使不同种族、不同文明紧密地联系在一起。世界经济的相互融合,世界文化的相互渗透,世界科技的相互协作,世界秩序的相互协调,都需要我们用同样一个友爱的声音表达——"四海之内皆兄弟也"。这一表达可以说是世界大同的先声,早就在两千多年前被我们的圣贤朴素地表达了出来。

> **圣人能以天下为一家,以中国为一人,非意之①,必知其情,从于其义,明于其利,达于其患,然后能为之。**(《孔子家语·礼运》)

【注释】

①非意之:王肃注:"非以意贪之,必有以致之也。"

【今译】

古代的圣人能够把天下当成一家,把天下人看成如同自己一人,这并不是有什么个人贪欲,他必定是懂得人情,顺从大义,明白了利益所在,意识到忧患所在,然后才能做到这一步。

【时析】

在源远流长的中国儒家思想中,"家"居于社会细胞的地位。儒家的政治思想是推己及人、由个人而家而国而天下,基本思路是修身齐家治国平天下,所以"天下一家,中国一人"就成为一种社会政治理想。这一思想的关键是把

天下大同

个人与社会打通,把家与天下打通,不然就会导致自私和封闭,后儒对此不断有深入的论证。

> 老吾老,以及人之老,幼吾幼,以及人之幼①,天下可运于掌②。《诗》云:"刑于寡妻,至于兄弟,以御于家邦。"③言举斯心加诸彼而已。故推恩④足以保四海,不推恩无以保妻子。古之人所以大过人者,无他焉,善推其所为而已矣。今恩足以及禽兽,而功不至于百姓者,独何与?(《孟子·梁惠王上》)

【注释】

①老吾老,幼吾幼:第一个"老"和"幼"都作动词用,老:尊敬;幼:爱护。②运于掌:在手心里运转,比喻治理天下很容易。③引自《诗经·大雅·思齐》。④推恩:施恩惠于他人。

【今译】

尊敬自己的老人,并由此推广到尊敬别人的老人;爱护自己的孩子,并由此推广到爱护别人的孩子。做到了这一点,整个天下便会像在自己的手掌心里运转一样容易治理了。《诗经》上说:"先给妻子做榜样,再推广到兄弟,再推广到家族和国家。"说的就是要将心比心,以自己的心推想他人的心。所以,推广恩德足以安定天下,不推广恩德连自己的妻子儿女都保不了。古代的圣贤之所以能远远超过一般人,没有别的什么,不过是善于推广他们的好行为罢了。如今大王您的恩惠能够施及动物,却不能够施及老百姓,这是为什么呢?

【时析】

这段话是讲儒家仁爱思想如何突破亲情的局限扩大到别人。儒家的仁爱是从亲情出发的,亲情是基础,但是不能停留在这里,应该推而广之,扩而大之,把这种对自己的亲人的爱心施加于普遍的社会对象身上。这不但对于普通老百姓是必要的,对于君王更是这样。君王要治国平天下,就要能够亲亲仁民,仁民爱物。由近及远,由小而大,由私而公地推广儒家的仁爱,这也是今天建设和谐社会,建设和谐世界的需要。孟子把这种"仁爱"的思想称为"推恩"。"推恩"观念的出现对中华民族的文化心理的影响是很大的,它强化

了人们的同情心与扶贫济困的责任意识。今人熟知的"将心比心""推己及人"之类的成语，就是从"推恩"观念演绎出来的。孔子的"己所不欲，勿施于人"强调的是不该怎样做，而孟子的"推恩"则是告诉人们应该怎样做，它们共同构成了儒家人文主义的思想源头。

四海之内若一家，故近者不隐其能，远者不疾其劳，无①幽间隐僻之国，莫不趋使而安乐之。(《荀子·王制》)

【注释】

①无：犹"虽"。

【今译】

四海之内就像一家人一样，近处的人不隐藏自己的才能，远处的人不厌恶奔走的劳苦，即使是幽远偏僻的国家，也无不乐于前来归附而听从役使。

【时析】

"四海之内若一家"是荀子对儒家"天下一家"理想的独特表达。荀子处于战国末期，天下出现了统一的趋势，但是现实中人们的生存状况实际上更为险恶。荀子的思想就是适应这种统一的历史趋势，提出了许多重建社会秩序的设想，"四海之内若一家"就是其中的富有理想色彩的一个重要观点，与《论语》中子夏提出的"四海之内皆兄弟也"也是一脉相通的。

故近者歌讴而乐之，远者竭蹶①而趋之。四海之内若一家，通达之属莫不从服。(《荀子·儒效》)

【注释】

①竭蹶(jié jué)：力竭而跌倒，形容竭尽全力拼命奔走的样子。

【今译】

近处的人歌颂他而且热爱他，远处的人竭力奔走来投奔他。四海之内就像一个家庭似的，凡是交通能到达的地方，没有谁不服从。

【时析】

这也是讲儒家政治理想的效应，核心思想是"四海之内若一家"。

天下大同

◇ 五九 ◇

天下大同

夫谓治者，使民无私也。民无私则天下为一家，而无私耕私织，共寒其寒，共饥其饥。故如有子十人，不加一饭；有子一人，不损一饭。（《尉缭子·治本》）

【今译】

所谓治理者,就是使老百姓没有私有财产。老百姓没有私有财产就会使天下好像一家一样,男耕女织都不再是私有行为,产品归大家所有,冷了大家都能御寒,饥了大家都能防饿。你有子女十人不增加一饭,你有子女一人不减损一饭。

【时析】

这段话包含的内容涉及到所有制的形式,也涉及到在社会生产、分配和消费等方面确立的基本原则。在作者看来,一个社会要治理好,在经济上必须具备的一个大前提便是"使民无私""天下一家"。老百姓在财产所有权上"无私""一家",所以人们从事物质资料生产的劳动,也都不是私人行为,而是具有社会性的劳动,其产品也都进行社会分配,有饭大家吃,有衣大家穿,共有共享。各家的分配绝对平均,不因子女多少增减。今天看来,要完全取消私有制,只有到物质产品极大地丰富才有可能;否则,超越经济发展的实际和社会发展的阶段的理想不但落不到实处,还可能造成假公济私、以权谋私等消极腐败现象。

天子公侯①，以天下一国为家，以万物为畜②。

（《文子·九守》）

【注释】

①公侯:古代爵位的名称,这里指诸侯国的国君。②畜:畜养。

【今译】

天子诸侯应该使天下一国犹若一家,对天地万物加以畜养。

【时析】

这是道家天下一家的思想,与儒家可谓异曲同工,反映了他们对统治者的期望。

　　（成鸠氏）故能畴合①四海以为一家，而夷貉万国皆以时朝服致绩②，而莫敢效增免③。闻者传译④，来归其义。莫能易其俗，移其教⑤。……成鸠氏周阖⑥四海为一家，夷貉万国，莫不来朝。(《鹖冠子·王铁》)

【注释】

　　①畴合：纠合。②夷貉：古代指中原华夏以外四周的少数民族。以时：按时。朝：朝见。服：侍奉。致绩：进献实物，即进贡。③效：效法。增免：增减。④传译：通过翻译。⑤易、移：都是改变的意思。⑥阖：通"合"。周阖：与上文"畴合(周合)"意同。

【今译】

　　成鸠氏之治能够纠合四海为一家，这样周边少数民族的国家都按时朝觐，进献实物，没有敢于互相仿效有所增减，更远的听到这些消息的少数民族通过翻译明白了，就会表示认同。我们对待他们的政策是不用改变他们的习俗，而是改变对他们的教化。……成鸠氏把四海协和为一家，周边少数民族，没有不来朝觐的。

【时析】

　　作者设想了一个成鸠氏时代纠合"四海一家"，四方少数民族纷纷前来朝觐、进贡，并采取修其教而不易其俗的政策，形成了天下万国犹如一家的理想社会蓝图。

　　一统而万殊，则虽天下一家，中国一人，而不流于兼爱①之弊；万殊而一贯，则虽亲疏异情，贵贱异等，而不牿②于为我之私。此《西铭》之大指也。观其推亲亲之厚以大无我之公，用事亲之诚以明事天之道，盖无适而非所谓分殊而推理一也，夫岂专以民吾同胞，长长幼幼为理一，而必默识于言意之表，然后知其分之殊哉！(《西铭解义》)

天下大同

【注释】

①兼爱：战国时期墨子的主要思想。墨子认为当时社会动乱的原因就在于人们不能兼爱。他提倡"兼以易别"，反对儒家所强调的"爱有差等"的观点。他提出"兼相爱，交相利"，也就是对待别人要如同对待自己，爱护别人如同爱护自己，彼此之间相亲相爱，不受等级地位、家族地域的限制。②牿(gù)：古同"梏"，桎梏，束缚。

【今译】

天地间自有一理（太极）统率万事万物之理。这样，虽然天下一家，中国一人，因为有分殊之理，所以还有亲亲尊尊，不会流于不分亲疏远近的兼爱之弊。分殊之理虽多，都统归于一理（太极）。这样，虽然有亲疏情分的分别，有贵贱等级的差异，而不会被个人的私情限制住仁爱的扩展。这就是张载《西铭》的主旨。从《西铭》的主旨中可以看出张载试图推浓郁的亲情于大众，以达到无我的大公境，通过侍奉亲人的诚敬，来明了怎样对待天的道理，这都是由所谓分殊之理而推归于一理（太极），这并不是专以民吾同胞，长长幼幼为一理，而学者应该默契其指归，深入文字底层去阅读，然后才能体会《西铭》中的分殊的道理。

【时析】

朱熹在此将"理一分殊"与《西铭》表现的"民胞物与"的思想联系起来，使"理一分殊"伦理化。在"亲疏异情，贵贱异等"的社会条件下，他努力寻求既不"流于兼爱"，而又"不牿于为我之私"的"大公"的人际关系和理想社会。这样，就既能克服墨家兼爱之弊，又能突破儒家亲亲为本的家庭伦理的局限，这是符合孔子中庸之

乐舞图

道的。朱熹进一步主张"推亲亲之厚以大无我之公"，要求人们推"亲亲之厚"浓郁的亲情于大众，进而迈入"大无我之公"的开阔、高超的思想境界，这是实现天下一家、中国一人的大同理想所必需的。

夫圣人之心，以天地万物为一体，其视天下之人无外内远近，凡有血气，皆其昆弟①赤子之亲，莫不欲安全而教养之，以遂其万物一体之念。天下之人心，其始亦非有异于圣人也，特其间于有我之私，隔于物欲之蔽，大者以小、通者以塞，人各有心，至有视其父子昆弟如雠②者。圣人有忧之，是以推其天地万物一体之仁以教天下，使之皆有以克其私，去其蔽，以复其心体之同然。（《传习录中·答顾东桥书》）

【注释】

　　①昆弟：兄和弟。②雠(chóu)：大怨曰雠。仇雠：仇敌。

【今译】

　　至于圣人的心，那是与天地万物为一体的。圣人对待天下之人，没有亲疏远近内外的差别。凡是有生命血气的，都像亲兄弟一样有着赤诚的亲情，都会保障他们的平安并且进行教养，以实现他的天地万物一体的本心。天下一般人的心，一开始与圣人并没有什么不同，只是被自我的私心所离间，受到物欲的蒙蔽，为天下大众的心变成了为自己的私心，通达的心变成了有阻塞的心。这样，人人都有自己的打算，甚至把父子兄弟也看成仇人。圣人对这样的情况感到忧虑，所以就推广他那与天地万物为一体的仁心来教化天下人，使天下人都克服私心，除去蔽塞，从而恢复本来所共有的本心。

【时析】

　　这是王阳明诠释《大学》的一段话，他以万物同体的归旨把"仁者与天地万物为一体"与《大学》三纲领之一的"亲民"联成一体。在王阳明看来，就"心"的本来面目而言，每个人与圣人一样，都是以天地万物为一体的，这种一体主要表现为相互之间的诚爱无私。比起孔子的博爱济众和孟子的仁民爱物，王阳明在这里更加凸显出儒学诚爱恻怛的情怀和对于社会、人类的责任感、使命感。这当然是在总结、继承以前儒家思想传统的基础上，根据时代发展的需要，从心学的角度对儒家天地万物一体观点的重大发展。

天下大同

唐、虞、三代之世，………人无异见，家无异习，安此者谓之圣，勉此者谓之贤，而背此者，虽其启明如朱①，亦谓之不肖。下至闾井、田野、农、工、商、贾之贱，莫不皆有是学②，而惟以成其德行为务。何者？无有闻见之杂，记诵之烦，辞章之靡滥，功利之驰逐，而但使之孝其亲，弟其长，信其朋友，以复其心体之同然。是盖性分之所固有，而非有假于外者，则人亦孰不能之乎？学校之中，惟以成德为事，而才能之异，或有长于礼乐，长于政教，长于水土播值（植）者，则就其成德，而因使益精其能于学校之中。迨夫举德而任，则使之终身居其职而不易。用之者惟知同心一德，以共安天下之民，视才之称否，而不以崇卑为轻重，劳逸为美恶。效用者亦惟知同心一德，以共安天下之民，苟当其能，则终身处于烦剧而不以为劳，安于卑琐而不以为践（贱）。当是之时，天下之人熙熙皞皞③，皆相视如一家之亲。（《传习录中·答顾东桥书》）

【注释】

①朱：指丹朱。尧的儿子。传说很聪明，但是个不肖之子。《史记·五帝本纪》："尧知子丹朱之不肖，不足授天下，于是乃权授舜。"②是学：指上文所说的针对"天地万物一体之仁"之教的学习。③熙熙：温和欢乐的样子。皞皞：广大自得的样子。

【今译】

在尧、舜和夏商周三代，人们还没有不同的看法，家家还没有不同的习惯。自然就能做到这些的人叫做圣，努力以后才能做到的人叫做贤。而对于那些不能做到这些的人即使像丹朱那样地聪明，也叫做不肖。在街头田间从事农商的人，没有不学习这些的，只把完善自己的德性看成是必须的要务。为什么呢？因为他们没有繁杂的见闻，没有烦琐的记诵，也没有华丽的词句文章，更没有对功利的追逐，而只是让他们孝敬父母，尊敬兄长，诚实交友，以恢复本来所共有的本心。这些本来是人性中固有的，并不是从外面借来的。那么，又有哪个人不能做到呢？学校所应该做的事情，只是培养人的道德，至于才能方面的差异,有的擅长礼乐,有的擅长政治教化,有的擅长治理水土和从事农业种植,这就需要根据他们各自的德性,在学校进一步培养他们的特殊才能。根据德性的高低,让他们担任相应职务而不再变更。任用的人只是同心同德,以便使天下长治久安,看他们的才能是否称职,而不以地位的尊卑分轻重,也不以职业的繁重和安逸分高低。被任用的人也只想着同心同德,安定天下的老百姓,如果适合自己的才能,即使终身从事繁重剧烈的工作,也不会感到辛劳;从事低下烦琐的工作,也不会感到卑贱。这时候,天下的人都高兴,彼此亲如一家。

【时析】

在王阳明看来,尧、舜和夏商周三代盛世的根本原因是社会风气相当淳朴,人们凭自己本来所共有的本心生活着。圣人以道德教化治理社会,人们孝敬父母,尊敬兄长,诚实交友,官吏根据自己的德性和才能任职用事,他们能够同心同德,一心为老百姓和天下的长治久安考虑,兢兢业业,任劳任怨,整个天下就像一家人一样。这显然是继承儒家的历史观,对尧、舜和夏商周三代盛世的理想化。同时,也明显是针对他所处的时代。王阳明处于明朝中期最为腐败、最为黑暗的时期。正德皇帝昏庸无度,整天沉浸于声色犬马之中,不理朝政,江山大权落在太监刘瑾手中。在这样的情况下,王阳明以尧、舜和夏商周三代盛世的理想来批判当时的社会,同时也提供了一幅改造这个社会的理想蓝图。

大人者能以天地万物为一体者也。其视天下犹一家,中国犹一人焉。若夫间形骸①而分尔我者,小人矣。大人之能以天地万物为一体也,非意之也,其心之仁本若是。其与天地万物而为一也。岂惟大人,虽小人之心,亦莫不然,彼顾自小之耳。是故见孺子之入井,而必有怵惕恻隐②之心焉,是其仁之与孺子而为一体也。孺子犹同类者也。见鸟兽之哀鸣觳觫③,而必有不忍之心焉,是其仁之与鸟兽而为一体也。鸟兽犹有知觉者也。见草木之摧折而必有悯恤④之心焉,是其仁之与草木而为一体也。草木犹有生意者也,见瓦石之毁坏而必有顾惜

之心焉，是其仁之与瓦石而为一体也。是其一体之仁也，虽小人之心亦必有之。（《王文成公全书·〈大学〉问》）

【注释】

①形骸(hái)：多指人的形体。②怵惕恻隐：形容人既担惊受怕，又同情怜悯。③觳觫(hú sù)：恐惧得发抖。④悯恤：哀怜顾恤。

【今译】

　　大人，就是把天地万物都看成是有生命的整体的圣人，他把天下人当成一家人一样，把中国看成一个人一样。如果只是以身体形骸来区分你我，那就是小人。大人能够以天地万物为一体，不是有意的，他的心的仁爱本来就是这样。他以仁爱之心感通到天地万物是一体的。岂止大人是这样，就是小人的心，也是这样。小人之为小人就是自我狭小，不能突破出来罢了。因此，一个人见到小孩子掉进井里，就一定会有惊恐同情之心，这是因为他的仁心与这个小孩子为一体。小孩子与他还是同类，即使（不是同类），如他看到鸟兽的哀鸣和战栗也会有不忍之心，这是他的仁心与鸟兽为一体了。鸟兽算是有知觉的，即使（没有知觉的），如他看到草木被摧残折断也一定会有悯恤之心，这是他的仁心与草木为一体。草木还是有生命的，即使（没有生命的），如他看见瓦石被毁坏也一定会有顾惜之心，这是他的仁心与瓦石为一体。这些都是他在天地万物一体上表现出来的仁心，即使小人也一定会有这样的仁心。

【时析】

　　王阳明在这里透彻地说明了人之所以皆有"恻隐之心"或者说同情心，是由于从本体论上讲，人与他人原为一体，一气相通。不仅如此，人和与人非同类之鸟兽，以至无知觉之草木、无生意之瓦石等天地万物亦原是一体，一气相通，故对天地万物皆有"恻隐""不忍""悯恤""顾惜"之心。总括言之，即皆有"一体之仁"，这里说明因为有了仁，所以天下万物才能成为一体。在这一点上，大人与小人是一样的，但是，大人之为大人，小人之为小人，是因为大人能够突破自己的私心局限，以天地万物为一体，视天下犹如一家，中国犹如一人；而小人之心有私欲之蔽，不能冲破自己的私心制约。显然，作为最高的人格理想和生命成就，大人不局限在形骸及家庭之私，而且也不限于国家民族之公。这种天下一体之仁，不仅超越自我主义、裙带关系、狭隘思想、种族中心主义、大国沙文主义，而且超越世俗人文主义和人类中心主义。当然，天地万物一体之仁，并不意味着"大公无私"、有人无己。儒家承认一定范围的自私是必要的，合乎天理的，自私和欲望等自然本能，只要发而中节，不过分，就是义。

遐想唐虞三代①之世，天下有无相恤，患难相救，门不闭户，道不拾遗，男女别涂②，举选尚德。尧舜病博施③，何分此土彼土？禹稷忧溺饥④，何分此民彼民？汤武伐暴除残，何分此国彼国？孔孟殆车烦马⑤，何分此邦彼邦。盖实见夫天下凡间，分言之，则有万国，统言之，则实一家。(《原道醒世训》)

【注释】

①唐虞三代：指唐尧、虞舜和夏商周三代，都是古代理想的"盛世"。 ②涂：通"途"。 ③尧舜病博施：据《论语·雍也》记载，子贡对孔子说："如有博施于民而能济众，何如？可谓仁乎？"如果能广泛地施爱于人民而又能救济人民，怎么样呢？可以称得上仁德吗？"孔子回答说："何事于仁？必也圣乎！尧舜其犹病诸！"何止于仁呢？那是圣德了！尧舜都恐怕难以做到！这不是贬低尧舜。孔子心目中的理想君王是要能够博施济众，即要广施恩惠，要没有私心，并且他的恩德要遍及所有的人，不仅要亲其亲，子其子，而且要使老有所终，壮有所用，幼有所长，鳏寡孤独者皆有所养，这是博施；又要济民于患难，如大禹治水，这是济众。尧舜是唐虞时二帝，当时经常发大水，百姓苦于水灾，又缺少吃穿，所以孔子说要博施济众，尧舜也难做到。④溺饥：比喻生活痛苦。语本《孟子·离娄下》："禹思天下有溺者，由己溺之也；稷思天下有饥者，由己饥之也，是以如是其急也。"是说大禹、后稷视人民的疾苦是由自己所造成，因此解除他们的痛苦是自己不可推卸的责任。⑤殆车烦马：三国魏国曹植的《洛神赋》："日既西倾，车殆马烦。"原意是指车危且马疲，形容旅途困乏。这里指孔孟为实现自己的政治理想，周游列国，车马劳顿，汲汲而求。

【今译】

遐想在唐尧、虞舜和夏商周三代的理想盛世，天下的人无论穷富都会相互帮助，遇到患难都会互相救助，大门不用关闭，道路上谁遗失了东西也没有人拾起来据为己有，男男女女在大路上走时能够自觉地分别开来，举荐选拔人才注重的是人的德行。博施于民而能济众连尧舜这样的圣王也难以做到，有什么必要分这里是你的土地，那里是我的土地？大禹、后稷把人民的疾苦看成是由自己造成的，认为解除他们的痛苦是自己不可推卸的责任，有什么必要分这里是你的人民，那里是我的人民？商汤灭夏和武王灭商是征伐暴君、剪除残贼的行动，有什么必要分这里是你的国家，那里是我的国家？孔孟周游列国，车马劳顿，汲汲而求，有什么必要分这里是你的邦国，那里是我的邦国。实在地看天下人间，如果分开来说，可以有成千上万的国家，统合地说，其实都是一家啊。

【时析】

洪秀全直接继承了儒家的大同思想，以尧舜和夏商周三代为理想模式，主张"万国一家"，反对"存此疆彼界之私"。因此，领土、国境等主权都成了无意义的"私念"产物。他把这一观念应用到对外关系上，把世界各国也看成是中国古代分邦裂土意义上的诸侯国家。可见，他还不具备近代民主国家观念。

天下多男人，尽是兄弟之辈，天下多女子，尽是姊妹之群。何得存此疆彼界之私？何可起尔吞我并之念？……行见天下一家，共享太平，几何乖漓浇薄①之世，其不一旦变而为公平正直之世也。（《原道醒世训》）

【注释】

①乖漓：败坏。浇薄：社会风气浮薄，不淳朴敦厚。

【今译】

天下这么多男人，应该都是兄弟，天下这么多女子，应该都是姐妹，为什么要有彼此界限的私心？为什么要起你我吞并的念头？……如果能够以天下为一家，人人同享太平，如此世道败坏、风气浮薄的时代，用不了多久就会变为公平正直的世界。

【时析】

洪秀全在这里希望天下人都能够互相以兄弟姐妹对待，不要再有彼此界限的私心，不要再起你我吞并的念头，通过努力把世道败坏、风气浮薄的社会变为公平正直的世界，以求实现"天下一家，共享太平"的理想。这既有孔子"四海之内皆兄弟也"的影响，更有改造社会的愿望。

天下总一家，凡间皆兄弟。何也？自人肉身论，各有父母姓氏，似有此疆彼界之分。而万姓同

出一姓，一姓同出一祖，其原亦未始不同。若自人灵魂论，其各灵魂从何以生？从何以出？皆禀皇上帝一元之气以生以出，所谓一本散为万殊①，万殊总归一本。（《原道觉世训》）

【注释】

①一本散为万殊：是说这世界上形形色色的万事万物都是由"一"生出来的。万殊总归一本：是说这形形色色的万事万物又要回到这一个地方去。但是，对于这"一"，哲学家说是"道""无极""本体"，宗教家说是上帝。洪秀全就是这样的看法。

【今译】

天下人总的说都是一家人，世间的人都是兄弟姐妹，为什么？就人的肉身而论，各是不同的父母所生养，各有不同的姓氏来源，似乎是存在着彼此的界限的。但是，再进一步追溯时，就会发现，万姓同出一姓，一姓同出一祖，从最初的本原上也许没有多大的不同。如果就人的灵魂而言，每个人的灵魂是怎么诞生的？是从什么地方出生的？都是由皇上帝的大能大德得以出生的，这就是所谓的"一"这个"本体"产生了这个世界上形形色色的事物，而这些形形色色的事物又要回归到"一"这个"本体"上去。

【时析】

为了论证天下一家的思想，洪秀全一方面从血缘关系上论证人出于共同的祖先，另一方面，还接受了基督教的基本观念，认为所有人的灵魂都是上帝所生，并以古代哲学的"一本"与"万殊"来加以归纳总结。

盖天下皆天父上主皇上帝一大家，天下人人不受私，物物归上主，则主有所运用，天下大家处处平均，人人饱暖矣。（《天朝田亩制度》）

【今译】

天下都是天父上主皇上帝主持下的一个大家庭，只要人人没有私有财产，所谓财物都归上帝，那么，在上帝的主持下使用，天下的这个大家就会非常均平，人人都不会挨饿受冻。

【时析】

这是洪秀全受基督教原始教义影响,结合中国历史上天下一家、人人均平的观念提出的社会理想。

视天下一家,胞与为怀①,万国一体,情同手足。(《答英人三十一条并责问五十条诰谕》)

【注释】

①胞与为怀:民胞物与的略称,指以民为同胞,以物为朋友。后以"胞与"指泛爱一切人和物。

【今译】

把全天下看做一家人,把天下人看做自己的朋友,所有的国家是一个整体,人们之间情同手足。

【时析】

杨秀清把天下看成一家人一样,民胞物与,关怀他人,以世界万国为一体,四海之内情同兄弟。

天父上主皇上帝自始创造天地、山海、人物与六日中①,由是天下为一家,四海之内皆兄弟也。(《谕英使文翰》)

【注释】

①这句话是基督教的上帝创世说。基督教认为,宇宙万物(包括人类)都是上帝创造的。《旧约·创世记》记载:上帝用五天时间创造出了自然界万物,第六天造人,第七天歇息。上帝创世说是基督教的核心。因为上帝创造一切,他才被说成是至高无上、全能全知、无所不在的唯一真神,是宇宙的最高主宰。

【今译】

天父上主皇上帝自从在六天时间里创造了天地、山海、人物,以后就有了人类,天下的人都是一家,都是同胞兄弟。

【时析】

这里杨秀清把基督教的上帝创世说与中国传统的天下一家和《论语》中"四海之内皆兄弟也"糅合在一起,表达他对人间天国的向往。

吾国圣教，大宗有三：曰儒，曰佛，曰道。儒以己立立人为怀，佛以自觉觉他为事；道虽恬退，大体同儒。而修炼家，尤以积德累功济世救民为要务。今教会中人，仰体三教一视同仁，天下为公之心。发而为老安少怀，不独各亲其亲，各子其子之事。其赤诚热心，直可以塞天地而贯日月。倘举国之人同发此心，同行此事，则无一人不得其所。俾^①大同之世，复见今日，其利溥^②哉！（《印光法师文钞三编·复丁福保居士书十二》）

【注释】

　　①俾(bǐ)：使。②溥(pǔ)：广大。

【今译】

　　我国的圣教，主要的宗派有三个：一是儒，二是佛，三是道。儒教以己欲立而立人为理念，佛教以自我觉悟然后教人觉悟为事业，道教虽然主张恬静隐退，但大体与儒教相同。至于修炼家，特别应该以积德累功济世救民为重要任务。现在教会中的人，如果能够体味到三教一体同仁，天下为公的心境，进一步做出老安少怀，不独亲其亲、子其子的事功，那么这样的赤诚热心，就可以塞天地，贯日月。如果全国人都能够共同发出这样的心愿，共同做出这样的事功，就会人人各安其位，各得其所，就使大同世界，在今日复现。这样的益处是非常广大啊！

【时析】

　　印光法师是近现代令人仰慕的佛学大师，德行崇高，思想深邃，在他所处的中国社会大动荡的年代里，为当时一些想从佛门中求解脱的人指点迷津，找到了一条既是遵循释迦佛创教原旨，又符合中国国情的学佛之路，为近代佛教的发展做出了巨大贡献。这里通过三教的比较，归结到儒家的天下为公、老安少怀，不独亲其亲、子其子，期望大同世界在今日复现的美好愿望，对今天构建和谐社会、建设和谐世界具有重要的启示。

天下大同

至德之世

故至德之世，其行填填①，其视颠颠②。当是时也，山无蹊隧③，泽无舟梁④，万物群生，连属⑤其乡，禽兽成群，草木遂⑥长。是故禽兽可系羁⑦而游，鸟鹊之巢可攀援而窥⑧。夫至德之世，同与禽兽居，族与万物并⑨，恶乎知君子小人哉！同⑩乎无知，其德不离⑪，同乎无欲，是谓素朴⑫。（《庄子·马蹄》）

【注释】

①填填：稳重的样子。②颠颠：专一的样子。③蹊(xī)：小路。隧：隧道。④梁：桥。⑤连属：混同的意思。⑥遂：遂心地。⑦系羁：用绳子牵引。⑧攀援：攀登爬越。窥：观察、探视。⑨族：聚合。并：比并。⑩同：通作"惷(chǔn)"，愚蠢；这个意义后代写作"蠢"。⑪离：背离、丧失。⑫素：未染色的生绢。朴：未加工的木料。"素朴"在这里喻指本色。

【今译】

上古的盛德时代，人们的行动总是那么持重自然，人们的目光又是那么专一而无所顾盼。正是在这个年代里，山野里没有路径和隧道，水面上没有船只和桥梁，各种物类共同生活，人类的居所相通相连而没有什么乡、县差别，禽兽成群结队，草木遂心地生长。因此禽兽可以用绳子牵引着游玩，鸟鹊的巢窠可以攀登上去探望。在那盛德的时代，人类跟禽兽同在一起居住，跟各种物类相互聚合并存，哪里知道什么君子、小人呢！人人都蠢笨而无智慧，人类的本能和天性也就不会丧失；人人都愚昧而无私欲，这就叫做"素"和"朴"。

【时析】

庄子的"至德之世"展示出来的是自由、平等、快乐的理想蓝图，自身具有一些特性：一是过着最简单、最原始的物质生活，二是处于蒙昧的精神状态。除了感性知觉，别无所知；除了具体的记忆，没有任何经验和知识。庄子主张用"去知""返朴"来消解现实社会的弊端，实现"至德之世"的理想，在人类社

天下大同

会已经跨入文明时代门槛之后,要想完全回复原始社会生活显然是不可能的。"至德之世"正是我们构建和谐社会的一个范本,因为和谐社会正是民主法治、公平正义、诚信友爱、充满活力、安定有序、人与自然和谐相处的社会。庄子给我们现代人一种信念,和谐社会一定会实现,而且会比"至德之世"更美好。

> 藐姑射之山①,有神人居焉。肌肤若冰雪,绰约若处子②,不食五谷,吸风饮露,乘云气,御飞龙,而游乎四海之外。其神凝③,使物不疵疠而年谷熟④。……尧治天下之民,平海内之政,往见四子⑤藐姑射之山,汾水之阳⑥,窅然丧⑦其天下焉。

（《庄子·逍遥游》）

【注释】

①藐:遥远的意思。姑射:山名,神仙居住的地方,庄子说这个地方在"汾水之阳",即今山西境内,或是临汾县西的九孔山。②绰(chuò)约:柔和、美好的样子。处子:处女。③凝:静也,指神情专一。④疵疠(cī lì):疾病。熟:丰收。⑤四子:旧注指王倪、啮缺、被衣、许由四人,实为虚构的人物。⑥汾水:即汾河,是山西最大的河流,全长710公里,也是黄河的第二大支流。阳:山的南面或水流的北面。⑦窅(yǎo)然:怅然若失的样子。丧(sàng):丧失、忘掉。

【今译】

在遥远的姑射山上,住着一位神人,皮肤润白像冰雪,体态柔美如处女,不食五谷,吸清风饮甘露,乘云气驾飞龙,遨游于四海之外。他的神情那么专注,使得世间万物不受病害,年年五谷丰登。……尧治理天下的人民,使海内政治清平;他到遥远的姑射山中,汾水的北边,拜见了四位得道的真人,他不禁怅然若失,忘记了自己居于治理天下的地位。

【时析】

这里庄子通过对遥远的姑射山上住着的神人顺性自然、无为无不为、超凡脱俗的生活状态的描述来表达他对逍遥游境界的向往。庄子的"逍遥游"是指人在天地自然中自由自在、悠然自得的精神漫游。庄子认为,人在现实生活中,精神不自由,身心受束缚,都是因为有一个"自我"的存在。这个"自我"终生汲汲于功名利禄,追逐物质享乐,既为祸福得失苦心焦思,又为生老病死悲喜忧患，以致终生"形为物滞，心为物役"。而人生之所以如此，是因为人们不能认识到天道自然，不能顺性自然地生活。只要人能在现实生活中打破与自然外物的疏离隔膜，与天地自然融为一体，成为真正的自然之子，自自然然地活着，安时处顺，无苦无悲，无忧无虑，无牵无累，无为又顺性自为。在这样的人生境界中，人的心灵彻底地摆脱了尘世的种种束缚，任精神自由往来于天地自然间，漫游于宇宙无穷中，与天道自然为伴，逍遥自得，泰然自足，无往而不适。

> 神农之世，卧则居居①，起则于于②，民知其母，不知其父，与麋鹿③共处，耕而食，织而衣，无相害之心，此至德之隆也。然而黄帝不能致德，与蚩尤战于涿鹿之野④，流血百里。（《庄子·盗跖》）

【注释】

①居居：安静的样子。②于于：行动舒缓自得的样子。③麋鹿：哺乳动物，因其角似鹿非鹿，脸似马非马，蹄似牛非牛，尾似驴非驴，所以俗称"四不像"。④蚩尤：中国神话传说中上古东方九黎族部落首领，又传为主兵之神。据说他有兄弟81人，能呼风唤雨，以金作兵器，常起兵作乱。涿鹿：地名，位于河北省西北部永定河上游。

【今译】

在神农时代，居处是多么安静闲暇，行动是多么优游自得，人们只知道母亲，不知道父亲，跟麋鹿生活在一起，自己耕种自己吃，自己织布自己穿，没有伤害别人的心思，这就是道德鼎盛的时代。然而到了黄帝就不再具有这样的德行，跟蚩尤在涿鹿的郊野上争战，流血百里。

【时析】

从庄子描写的情形来看，神农之世与黄帝时代的社会形态显然不同，前者尚处在知母不知父的母系氏族社会阶段，是道德鼎盛的时代，人们悠闲自得，自给自足，与大自然和谐相处，生活得很幸福；后者则可能步入了争权夺利的文明社会，黄帝已经不是以道德治理天下，而是与其他部落展开了残酷的争夺战争。这是一种典型的历史退化观，以美化上古至德之世的方式曲折地表达了对现实的不满。尽管这种美化不一定符合人类历史进化的实际状况，但却寄托了道家对理想社会的向往。

　　子独不知至德之世乎?昔者容成氏、大庭氏、伯皇氏、中央氏、栗陆氏、骊畜氏、轩辕氏、赫胥氏、尊卢氏、祝融氏、伏牺氏、神农氏①,当是时也,民结绳而用之②,甘其食,美其服,乐其俗,安其居,邻国相望,鸡狗之音相闻,民至老死而不相往来。若此之时,则至治已。(《庄子·胠箧》)

【注释】

　　①容成氏、大庭氏、伯皇氏、中央氏、栗陆氏、骊畜氏、轩辕氏、赫胥氏、尊卢氏、祝融氏、伏牺氏、神农氏:传说中的上古时代的帝王或部落首领,但多数不见于经传。②结绳而用之:指文字产生之前的结绳记事。

【今译】

　　你唯独不知道那盛德的时代吗? 从前,容成氏、大庭氏、伯皇氏、中央氏、栗陆氏、骊畜氏、轩辕氏、赫胥氏、尊卢氏、祝融氏、伏牺氏、神农氏,在那个时代,人民靠结绳的办法记事,把粗疏的饭菜当做美味,把朴素的衣衫当做美服,把淳厚的风俗当做欢乐,把简陋的居所当做安适,邻近的国家相互观望,鸡狗之声相互听闻,百姓直至老死也互不往来。像这样的时代,就可说是真正的治世了。

【时析】

　　这段文字中容成氏、祝融氏、伏牺氏、轩辕氏等都是一批远古时代"至德之世"的圣王。他们不用智谋治国,没有文字,老百姓结绳记事,不相互交往,但是过得很幸福。不难看出,这一描述旨在发挥《老子》"以智治国国之贼,不以智治国国之福"的政治主张,与老子之"小国寡民"、陶渊明之"桃花源"类似。老子从"无为"的基本思想出发,倡导"绝圣弃智""绝巧弃利",庄子在这里响应之。庄子所描写的至德之世,是一种返朴归真的境界,是他心目中的理想社会。

　　立于宇宙①之中,冬日衣皮毛,夏日衣葛绨②;春耕种,形足以劳动;秋收敛,身足以休食;日出而作,日入而息,逍遥于天地之间,而心意自得。

天下大同

七五

（《庄子·让王》）

【注释】

①宇宙：在中国古籍中最早使用宇宙这个词的是《庄子·齐物论》。"宇"的含义包括各个方向，如东西南北的一切地点。"宙"包括过去、现在、白天、黑夜，即一切不同的具体时间。《淮南子·齐俗训》说："四方上下谓之宇，往古来今谓之宙。"实际上这里指天地。②绤：细葛布。

【今译】

上古的人们在天地之间生活，冬天披柔软的皮毛，夏天穿细细的葛布；春天耕地下种，身体能够承受这样的劳作；秋天收割贮藏，自身完全能够满足给养；太阳升起时就下地干活儿，太阳下山了就返家安息，无拘无束地生活在天地之间而心中的快意只有自身能够领受。

【时析】

上古时代人们的生活自然而任性，生活节奏是顺应着自然的节律，吃的穿的都是自然界的物产，日出而作，日入而息，无拘无束，自得其乐。在此想象至德之世人们生活的状况和感受。

"愿闻德人①。"曰："德人者，居无思，行无虑，不藏是非美恶。四海之内共利之②之谓悦，共给之③之为安；怊乎④若婴儿之失其母也，傥乎⑤若行而失其道也。财用有余而不知其所自来，饮食取足而不知其所从，此谓德人之容⑥。"（《庄子·天地》）

四序图

【注释】

①德人：德行充实的人，这里指体察于道、顺应外物而居安自得的人。②共利之：共同以之为利，是说恩泽施及广众，人人都共有好处。③共给之：共同资给财货。④怊(chāo)乎：悲伤的样子。⑤傥(tǎng)乎：无思无虑的样子。⑥容：容迹、举止。

【今译】

"希望再能听到关于德行充实的人。"谆芒说："德行充实的人，居处时没有思索，行动时没有谋虑，心里不留存是非美丑。四海之内人人共得其利就是喜悦，人人共享财货便是安定；那悲伤的样子像婴儿失去了母亲，那无思无虑、怅然若失的样子又像行路时迷失了方向。财货使用有余却不知道自哪里来，饮食取用充足却不知道从哪儿出。这就是顺应外物、凝神自得的人的仪态举止。"

【时析】

这是对至德之世德行充实的人的描写。他们无思无虑，不存是非，天下人民共同富裕他们就高兴，不把财货饮食看得太重，顺应外物，凝神自得，具有非凡的仪态。四海之内共利共安的思想非常接近于儒家"天下一家""四海之内皆兄弟"的思想，可见儒道的一致。

至德之世，不尚贤，不使能，上如标枝，民如野鹿①。端正而不知以为义，相爱而不知以为仁，实而不知以为忠，当②而不知以为信，蠢动而相使，不以为赐。是故行而无迹，事而无传。(《庄子·天地》)

【注释】

①标枝：树梢之枝，比喻上古之世在上之君恬淡无为。野鹿：比喻在下之民狂放自得。后"标枝野鹿"成为一个成语，指太古时代。②当：得当。

【今译】

盛德的时代，不崇尚贤才，不任使能人。国君居于上位，如同树顶高枝，无心在上而自然居于高位，而老百姓却像无知无识的野鹿一样，过着狂放自得的生活。行为端正却不知道把它看做道义，相互友爱却不知道把它看做仁爱，敦厚老实却不知道把它看做忠诚，办事得当却不知道把它看做信义。无心地活动而又相互支使，却不把它看做恩赐。所以行动之后不会留下痕迹，事成之后不会留传后代。

【时析】

不尚贤，不任能，君民无隔，人与人和谐相处，没有仁义忠信这些道德观念，而人们的行为自然地合乎道德的要求。当今人类道德问题相当严重，而各种各样的道德教育则劳而少功。庄子描绘的"至德之世"道德的情形也许给我们的重要启示就是：我们也许应该在道德之外去寻求解决道德问题的答案，统治者与人民的关系似乎是影响社会道德的一个刚性因素。

南越①有邑焉，名为建德之国。其民愚而朴，少私而寡欲，知作而不知藏，与而不求其报；不知义之所适，不知礼之所将，猖狂妄行，乃蹈乎大方②；其生可乐，其死可葬。（《庄子·山木》）

【注释】

①南越：这里泛指南方地方性的"小国"，实际上是指比较原始的部落，不是指后来的南越国。②大方：大道，常道。

【今译】

在遥远的南方有个城邑，名字叫做建德之国。那里的百姓淳厚而又质朴，很少有私欲；知道耕作而不知道储备，给予别人什么从不希图报偿；不明白仁义有什么作用，不懂得礼法把人们带向哪里；随心所欲，任意而为，竟能各自行于大道；他们生时自得而乐，他们死时安然而葬。

【时析】

庄子的"至德之世"，亦称之为"建德之国"。在那里一切都是如此自然而然地运转，人的行为完全出自人的本性，真率而少伪饰，和睦相处，心地淳朴。值得我们注意的是生活在这种理想国的人们，并不是愚笨，也不是不讲礼义，更不是不守规矩，而是他们都已经达到了至人的境界，不妄作聪明，一切唯道是从，唯德为守，尊道贵德，与孔子所说的"随心所欲不逾矩"有异曲同工之妙。当今社会，功利主义盛行，人们处处都考虑是不是有钱可赚，有利可图，不然就事不关己，高高挂起，对他人与社会漠不关心，麻木不仁。诚然，为利所往，无可厚非，但不以道义制约利益，道之不存，失去生命的本意、生活的目标，不能不说是现代人的悲哀。

古者三皇①，得道之统②，立于中央，神与化游，以抚四方。是故能天运地嘼③，轮转而无废，水流而不止，与物终始。风兴云蒸④，雷声⑤雨降，并应无穷，已雕已琢⑥，还复于朴。无为为之而合乎生死，无为言之而通乎德，恬愉无矜⑦而得乎和，有万不同而便乎生⑧。和阴阳，节⑨四时，调五行⑩，润⑪乎草木，浸⑫乎金石，禽兽硕大，毫毛润泽，鸟卵不败⑬，兽胎不殰⑭，父无丧子之忧，兄无哭弟之哀，童子不孤，妇人不孀⑮，虹蜺不见⑯，盗贼不行，含德之所致也。（《文子·道原》）

【注释】

①三皇：古代传说中的三位帝王，有多种说法：(1)燧人、伏羲、神农；(2)伏羲、女娲、神农；(3)伏羲、祝融、神农；(4)伏羲、神农、共工；(5)伏羲、神农、黄帝；(6)天皇、地皇、泰皇。②统：纲纪。③嘼(zhì)：古同"滞"，停。④蒸：升起。⑤声：震响。⑥雕琢：磨制器物。⑦恬愉：清静无欲的心态。矜：自大。⑧有万：万物。生：性。⑨节：调节。这里指让四时按规律运行。⑩五行：五行指水、火、木、金、土。五行学说认为，五行是构成宇宙的基本物质元素，宇宙间各种物质都可以按照这五种基本物质的属性来归类，五行之间存在着一定的联系。⑪润：润泽。⑫浸：浸渍，指物质浸在水中泡透。⑬败：坏。⑭殰(dú)：动物胎死在腹中。⑮孀：死了丈夫的妇人。⑯虹蜺：即虹霓，为雨后或日出、日没之际天空中所现的七色圆弧。虹蜺常有内外二环，内环称虹，也称正虹、雄虹；外环称蜺，也称副虹、雌虹或雌蜺。古人把这种不常出现的自然现象看做是阴阳失调的不祥之兆。见：通"现"。

【今译】

古代的三皇得了道的纲纪，立足于道的核心，在精神上体会到了道的本质而与其同游，并用它来安抚天下四方。所以道能够总括天地的动静，像车轮那样转动而不停止，像河水那样流淌而不停歇，与万物同始同终。风起云涌，雷鸣雨降，只要与道同游，就能取法天地动静的规律，与万物共始终，应变于自然的变化。天下万物都各有其特性和生长过程，但最终在本体上还是复归到道上来。以无为的精神对待事物就可以合乎生死之道了，符合无为的言论可以与德相通，保持清静无欲的心态而不自大便可和谐万物，万物不同而各安其性。调和阴阳，让四时按规律运行，融合五行，润泽草木，浸泽金石，就

天下大同

可以使禽兽长得高大,毫毛亮泽,鸟卵不会败坏,兽胎不会没出生就死掉,父亲没有丧子的忧伤,兄长没有哭弟的哀痛,儿童不孤苦,妇女不寡居,虹霓不会出现在天空,盗贼不会横行天下,这就是怀抱道德治理天下所产生的良好效应。

【时析】

这是三皇以道治天下的情形,以道治天下所形成的就是至德之世。邵雍在《皇极经世书·观物篇》中概括了人类产生以来四个阶段的治道模式:三皇时代以道治国,五帝时代以德治国,三王时代以功治国,五伯(霸)时代以力(法)治国。按照邵雍的解释,三皇时代以道化民,道法自然,自然的本质即无为,人民于是以道归化,天下自然大治。五帝以德教民,崇尚礼让,礼让的本质是天下为公,人民于是以德归化,可以治理天下。三王以功利劝民,注重政治。政者,正也,王者以功利正天下之不正,人民于是以功利归附,可以占有天下。五霸以力率民,借虚名以争实利。然而,在当时情况下,中原华夏不为四周夷狄野蛮化,却依赖五霸的实力,人民于是以实力归附归之,可以保存天下。

　　　　上古三皇之时,社会形简,人心朴质,为上者
　　无言,而天下自化,于道德无其名而合其实。(《太
　　公兵法》)

【今译】

在上古三皇治世的时代,社会虽然构成比较简单,人心质朴,在上为政的不用说什么,天下的老百姓就自然地被他们在道德上感化,这样社会治理没有道德之名而有道德之实。

【时析】

这是说上古是一个无为而治,即无道德之名而有道德之实的道治社会,这是兵家对上古社会的理想化,是受道家影响的结果。

　　　　昔黄帝之治天下,调日月之行,治阴阳之气,
　　节四时之度,正律历之数,别男女①,明上下,使
　　强不掩弱,众不暴寡,民保命而不夭,岁时熟而不

凶，百官正而无私，上下调而无尤②，法令明而不
闇（暗），辅佐公而不阿③，田者让畔④，道不拾遗，
市不豫贾⑤，故于此时，日月星辰不失其行，风雨
时节，五谷丰昌，凤皇翔⑥于庭，麒麟游于郊。（《文
子·精诚》）

【注释】

　①别男女：废除男女杂居。原始社会曾经是群婚制，男女关系很混乱。②尤：责怪、怨
恨。③阿（ē）：迎合，屈从。④畔：田界。⑤豫：卖东西的人故意把价报大来骗人购买。贾：
读 jià，同"价"。⑥凤皇：凤凰。翔：止。

【今译】

　　从前黄帝治理天下的时候，掌握日月运行的规律，理顺阴阳作用的气数，
调整四时变化的节气，确定律历的具体标准。废除男女杂居，明确上下权限，
使强壮有力的人不欺侮弱小的人，人多势众的不能压迫势单力薄的人。人民
善于养生而长寿，庄稼按时收割而无荒。百官公正而无私，上下协调而和睦。
法令制度明白而不黑暗，辅助大臣正直而不逢迎。种田的人在田界问题上相
互退让，路上丢失了东西没有人据为己有，市场上没有讹价欺骗人的商人。因
此，在这种情况下，日月运行正常，星辰也没有偏离，风雨按时节而来，年年五
谷丰登。凤凰落在庭院中，麒麟游走在郊外。

【时析】

　　这是对黄帝治理天下的情景的想象性描写，完全可以与儒家《礼记·礼
运》所追记的古代大同社会相媲美。在黄帝时代，人们已经掌握了日月、阴阳、
四时变化的规律，能够确定律历，使人类按照自然的节律生活。五谷丰登，财
货富足，人与自然和谐。人们建立礼义，分别男女，区分上下。君臣百官公而
不阿，正而无私。因此，人们不恃强凌弱，安居乐业，路不拾遗，童叟无欺，社
会风气淳朴美好。

　　虑牺氏①之王天下也，枕石寝绳②，秋杀约冬，
负方州③，抱员天④，阴阳所拥、沉滞不通者，窍理
之⑤；逆气戾物、伤民厚积者，绝止之⑥。其民童
蒙⑦不知西东，视瞑瞑⑧，行蹎蹎⑨，侗然⑩自得，莫

知其所由，浮游⑪泛然，不知其所本，自养不知所如往。当此之时，禽兽虫蛇无不怀其爪牙，藏其螫毒，功揆⑫天地。至黄帝要缪⑬乎太祖之下，然而不章其功，不扬其名，隐真人⑭之道，以从天地之固然⑮，何即？道德上通，而智故⑯消灭也。（《文子·精诚》）

【注释】

①虙牺氏：即伏羲氏。②枕石寝绳：枕方石，睡绳床。③方州：大地。④员天：即圆天，指上天。古人认为天圆地方。⑤拥：壅，壅塞。沉滞：凝滞，不够畅通。窍理：贯通。⑥逆气：逆乱之气。戾：违背。厚积：聚集财物。⑦童蒙：幼稚愚昧。⑧暝暝：昏暗迷乱的样子。⑨蹎蹎（diān diān）：稳重着实的样子。⑩侗然：无知的样子。⑪浮游：任意游玩。⑫揆（kuí）：揆度，大致估量。⑬缪：通"穆"。穆然，静思。⑭真人：道教称修行得道的人，多用做称号。⑮固然：自然。⑯智故：巧诈，巧饰。

【今译】

伏羲氏成为天下部落的首领，当时我们的先民睡觉以石头当枕头，用绳网当床。秋天肃杀，冬天严寒，背朝大地，拥抱上天。阴阳变化拥塞凝滞不通的地方，使它贯通；逆乱之气危害万物，伤害百姓积聚财物的时候，能够制止它。那时，先民幼稚愚昧，不知东西方向，看东西是昏暗迷乱的，走路是稳重着实的，没有人知道他们的智慧是从什么地方产生的。任意漫游不知需要什么，自己奉养自己，没有什么向往。在这个时候，猛兽毒蛇，没有不缩起它们的爪牙，隐藏起螫毒。伏羲功劳之大，可比天地。到了黄帝在大道的祖先旁静穆，然而未表其功，未扬其名，行真人之道，顺从天地自然。为什么会这样呢？道德已经与上天贯通，而那些智巧之类已经消灭了。

【时析】

这段文字记载了伏羲时代我们先民的生活状况，应该是我们现在考古学上旧石器时代社会生活的真实情景，说明了伏羲时代虽然处于蒙昧的时代，却是一个顺从大道自然，朴素美好的时代。

是以君子之为治也，块然①若无事，寂然②若无声，官府若无吏，亭落③若无民，闾里不讼于巷④，老幼不愁于庭，近者无所议，远者无所听，邮无夜行之卒，乡无夜召之征，犬不夜吠，鸡不夜鸣，耆老甘味⑤于堂，丁男耕耘于野，在朝者忠于君，在家者孝于亲，于是赏善罚恶而润色⑥之，兴辟雍庠序而教诲之⑦，然后贤愚异议，廉鄙异科，长幼异节，上下有差，强弱相扶，大小相怀，尊卑相承，雁行相随，不言而信，不怒而威，岂待坚甲利兵、深牢刻令⑧、朝夕切切⑨而后行哉？（《新语·至德》）

【注释】

①块然：安然。②寂然：肃静的样子。③亭落：村落之类。④闾里：乡里，是一般平民居住的地方。讼于巷：指古代所谓"庶人议"，即老百姓议论时事政治，含有批评现政的意思。⑤耆老：源于我国的乡约制度，也称"里老""乡老"。现在把德行高尚、受人尊敬的老人称为"耆老"，也泛指"老年人"。甘味：即《老子》第四十三章中"甘其食"之意，即认为我吃的东西是最美好的。⑥润色：修饰文字，使有文采，这里指修饰润色，使人的德行华美。⑦辟雍：是古代的一种学官，男性贵族子弟在里面学习作为一个贵族所需要的各种技艺，如礼仪、音乐、舞蹈、诵诗、写作、射箭、骑马、驾车等，在课程中还有性教育。贵族子弟从10岁开始就要寄宿于城内的"小学"，至15岁时进入郊外的"辟雍"。庠序（xiáng xù）：古代的地方学校，后来也泛称学校或教育事业。⑧刻令：苛刻的法令。⑨切切：恳挚的样子。

【今译】

所以君子的治理，安然好像无事，肃静好像无声，官府有官无事就像无人，村落有人无事就像无民，乡下百姓没有对时政的批评，老人孩子在家里没有什么孤苦烦愁，周围的人不议论是非，远处的人也就听不到流言，没有因急事需要邮差夜行送信，没有因战事连夜进行的征召，狗在晚上不叫，鸡在半夜不鸣，老年人在家里吃喝很好，壮年人在田里忙着农活。在朝廷的大臣忠于君主，在家的子女孝敬双亲；于是通过赏善罚恶而使人们的行为得到修饰润色，兴建各种学校而使青少年得到良好的教育，然后，评定贤明与愚鲁，区分廉正与贪鄙，使长幼有礼节，上下有差等，强弱相扶持，大小相依怀，尊卑相承续，像大雁一样有秩序，不花言巧语而说话诚信，不发火生气而威严自有，这一切岂能依赖坚甲利兵、大牢狱和苛刻的法令，以及早晚恳切地进行说教而后才能有良好的行为？

【时析】

这是陆贾描绘的"至德社会"的情形。在这样的社会，虽然有君有臣，有官有吏，有上有下，有尊有卑，但是，这种君只是虚君，这种吏只是虚吏。块然无事，寂然无声，有官没有事，官府若无人。这种社会虽然有政府、有法律、有军队，但并不是靠政府的控制、刑法的严酷、军队的镇压来维持。所以，在这个社会里，一切顺其自然，是一派自由、恬静、和谐的景象：老年人得到休息，丁壮者得到和平劳动，他们相互关怀，相互照顾，里巷无议政，老幼都欢欣，社会生活宁静美好，"犬不夜吠，鸡不夜鸣"。这显然是陆贾头脑中的理想国，也给汉初统治集团描绘了一个治国平天下的远大目标。这里所描绘的理想社会不是不要政府和官吏，也不是不要听讼断狱的法律制度，而是要求统治者对人民不要做过多的干涉，让人民休养生息，安居乐业，不至于激起民众对统治者的反抗。这显然是在反思秦政的严刑峻法，一意孤行，导致二世而亡的经验教训。它不是放任自流，无所作为，而是十分积极的治国之策，是主张有一个不给民众增加烦劳而能统治广大土地、众多民众的国君，达到真正意义上"君子之为治"的境界。

华胥氏①之国，在弇州之西，台州②之北，不知斯（离）齐国几千万里，盖非舟车足力之所及，神游而已。其国无帅③长，自然而已。其民无嗜欲④，自然而已。不知乐生，不知恶死，故无夭殇⑤；不知亲己，不知疏物，故无所爱憎；不知背逆，不知向顺，故无利害。都无所爱惜，都无所畏忌。入水不溺，入火不热。斫挞⑥无伤痛，指擿无痟痒⑦。乘空如履实，寝虚若处床。云雾不硋⑧其视，雷霆不乱其听，美恶不滑⑨其心，山谷不踬⑩其步，神行而已。（《列子·黄帝篇》）

【注释】

①华胥氏：神话传说中女娲和伏羲的母亲。今西安市蓝田县华胥镇孟岩村旁有华胥陵遗迹。②弇州、台州：都是古代传说中的山名。战国时，冀州即中原，冀州之正西为弇州，即甘肃一带，冀州之西北为台州，即陕北、宁夏一带。③帅：当以"师"为正。④嗜欲：嗜好和欲望。⑤夭殇（yāoshāng）：指未长大成人而死亡。⑥斫（zhuó）：用刀、斧等砍劈。挞（tà）：用鞭棍等打人。⑦指擿（zhǐ tī）：用手指抓搔。痟（xiāo）痒：疼痒。⑧硋（ài）：同"碍"。⑨滑（gǔ）：扰乱。⑩踬（zhì）：阻碍。

【今译】

华胥氏之国在弇州的西方，台州的北方，不知离齐国有几千万里，并不是乘船、坐车和步行所能到达的，只不过是精神游历而已。那个国家没有老师和官长，一切听其自然罢了。那里的百姓没有嗜好和欲望，一切顺其自然罢了。他们不懂得以生存为快乐，也不懂得以死亡为可恶，因而没有幼年死亡的人；不懂得私爱自身，也不懂得疏远外物，因而没有可爱与可憎的东西；不懂得反对与叛逆，也不懂得赞成与顺从，因而没有有利与有害的事情。没有什么值得偏爱与吝惜的，也没有什么值得畏惧与忌讳的。他们到水中淹不死，到火里烧不坏。刀砍鞭打没有伤痛，指甲抓搔也不觉疼痒。乘云升空就像脚踏实地，寝卧虚气就像安睡木床。云雾不能妨碍他们的视觉，雷霆不能扰乱他们的听觉，美丑不能干扰他们的心情，山谷不能阻挡他们的脚步，一切都凭精神运行而已。

【时析】

这是《列子》描写的理想国之一——华胥国。这段话交代了华胥国的具体位置，记述了这个"神仙国"优良的民风民俗，展现在人们面前的是一个民主、平等、幸福、快乐的文明之国、和谐之国。后用以指理想的安乐和平之境或做梦境的代称。世界上各个民族，特别是古老传统文化沉淀丰富的国家民族，追溯到她的历史源头，都有一个神话时代，留下了许多神奇的传说。怎么看待这些传说？我们认为，在人类文明产生前没有文字记载，只有靠口头传说将发生的许多重要的事情世世代代口口相传下来，后来有人记录下来，成为史料。这些史料也许有许多不真实的地方，但决不是虚拟的、编造的，而是在一些真实的历史素材上的映象，往往具有一定的依据，能够反映一定的"影史"。华胥国在很大程度上是道家为表达自己的思想，对某一个原始部落进行了想象性描绘，借以表达他们头脑中的理想社会。这与《庄子·马蹄》中对华胥国的描述可以对照："夫赫胥氏之时，民居不知所为，行不知所之，含哺而熙，鼓腹而游，民能以此矣。"

列姑射山①在海河洲中，山上有神人焉，吸风饮露，不食五谷；心如渊泉②，形如处女；不偎③不爱，仙圣为之臣；不畏④不怒，愿悫⑤为之使；不施不惠，而物自足；不聚不敛，而己无愆⑥。阴阳常调，日月常明，四时常若⑦，风雨常均，字⑧育常时，年谷常丰；而土无札伤⑨，人无夭恶，物无疵厉⑩，鬼无灵响⑪焉。（《列子·黄帝篇》）

【注释】

①列姑射山：在很早的时候已被看做神人居住的处所，与《庄子·逍遥游》里的"藐姑射之山"应该是同一个地方。《庄子·逍遥游》说是在山西，又据《山海经·海内北经》云："列姑射在海河洲中。姑射国在海中，属列姑射。西南，山环之。"与此处相同。今人据此而推测"列姑射山"可能在日本或菲律宾境内。②渊泉：深泉。《诗·邶风·燕燕》："其心塞渊。"孔颖达疏："其心诚实而深远也。"③偎：亲近。④畏：威严。⑤愿：谨慎老实。悫（què）：诚笃忠厚。⑥愆（qiān）：指困难缺乏。⑦若：顺的意思。⑧字：养育。⑨札：因遭瘟疫而早死，这里指损伤。⑩疵厉：灾害，疾病。厉，通"疠"。⑪灵响：妖异作怪。

【今译】

列姑射山在海河洲中，山上住着神人，呼吸空气，饮用露水，不吃五谷；心灵似深山的泉水，形貌似闺房的少女；不偏心不私爱，仙人和圣人做他的群臣；不威严不愤怒，诚实与忠厚的人替他办事；不施舍不恩惠，外界的事物都自己满足；不积聚不搜括，自己的用品一点也不缺乏。阴阳二气永远调和，太阳月亮永久明亮，春夏秋冬年年有序，风霜雨雪季季适当，孕育生长时时合节，五谷杂粮岁岁满仓；而土地未被伤损，人民不会夭折，万物没有灾害，鬼魅不兴风作浪。

瑶池献寿图

【时析】

这是《列子》描写的理想国之一——列姑射山。此段文字大意又见《山海经·海内北经》与《庄子·逍遥游》中，通过对居住在列姑射山神仙生活的描写，表达作者自己对现实社会厌弃和对理想社会的向往。

禹之治水土也，迷而失涂①，谬之②一国。滨北海之北，不知距齐州几千万里。其国名曰终北③，不知际畔之所齐限④，无风雨霜露，不生鸟兽、虫鱼、草木之类。四方悉平，周以乔陟⑤。当国之中有山，山名壶领，状若甂甀⑥。顶有口，状若员⑦环，名曰滋穴。有水涌出，名曰神瀵⑧，臭过兰椒⑨，味过醪醴⑩。一源分为四埒⑪，注于山下。经营一国，亡不悉遍。土气和，亡札厉⑫。人性婉而从物，不竞不争；柔心而弱骨，不骄不忌；长幼俦⑬居，不君不臣；男女杂游，不媒不聘；缘水而居，不耕不稼。土气温适，不织不衣；百年而死，不夭不病。其民孳阜⑭亡数，有喜乐，亡衰老哀苦。其俗好声，相携而迭谣⑮，终日不辍音。饥倦则饮神瀵，力志和平。过则醉，经旬乃醒。沐浴神瀵，肤色脂泽，香气经旬乃歇。（《列子·汤问篇》）

【注释】

①涂：通"途"，道路。②谬：差错。之：到，前往。③终北：神话中的国名。④际畔：边际，界限。齐限：终极，极限。⑤乔陟(zhì)：重叠的山岭。⑥甂甀(dān zhuì)。甂：为坛子一类瓦器。甀：为小口瓮。⑦员：通"圆"。⑧瀵(fèn)：水由地面下喷出漫溢。神瀵：传说中水名，出终北国。⑨臭(xiù)：气味。兰：兰草，即泽兰，香草。椒：花椒。⑩醪(láo)：浊酒。醴(lǐ)：甜酒。醪醴：甘浊的酒，亦泛指酒类，古代用以治病。⑪埒(liè)：山上的水流。⑫札：因遭瘟疫而早夭。厉：通"疠"，染疫病。札厉：染疫病而死。⑬俦(chái)：类，等。⑭孳：生长繁殖。阜：盛多。⑮迭：轮流。谣：歌唱。

【今译】

禹治理洪水时迷失了道路，错到了一个国家，在北海北边的海滨，不知离中国有几千万里。那个国家名叫终北，不知它的边界到哪里为止，没有风雨霜露，不生鸟兽、虫鱼、草木这些东西。东南西北四个方向都很平坦，四周则有三重山脉围绕。国家的正当中有座山，山名叫做壶领，形状像个瓦瓮。山顶上有个口，形状像个圆环，名叫滋穴。有水从中涌出，名叫神瀵，香味胜过兰椒,甘美胜过甜酒。从这一个水源分出四条支流,流注到山脚下,经过全国,没有浸润不到的地方。土气中和,没有因染疫病而早夭的人。人性柔弱,顺其自然,不竞逐,不争夺;心地善良,筋骨软弱,不骄傲,不嫉妒;年长和年幼的,都平等地居住在一起,没有国君,没有大臣;男女混杂游耍,没有媒妁,没有聘嫁;靠着水居住,不种田,不收割。土气温和适宜,不织布帛,不穿衣服;活一百岁才死,不早夭,不生病。那里的人民繁衍无数,有喜有乐,没有衰老、悲哀和痛苦。那里的风俗是喜欢音乐,手拉手轮流唱歌,歌声整天不停。饥饿疲倦了就喝神泉的水,力气和心志便又恢复中和与平静。喝多了便醉,十几天才能醒。用神泉的水洗澡,肤色柔滑而有光泽,香气十几天才消散。

【时析】

　　这是《列子》描写的理想国之———终北国。大禹迷路,到达这个国家,人是神仙,境是仙境,所表达的是道家的理想世界情形。终北国和佛教中的一个故事——西方极乐世界有些相似,几乎不是地球上的乐园,显然是魏晋时代道佛融通的产物。

　　　　大道坦坦①,去身不远,求之近者,往而复反（返）。迫则能应,感则能动②,物穆③无穷,变无形像,优游委纵④,如响之与景⑤。登高临下,无失所秉⑥,履危行险,无忘玄伏⑦。能存之此,其德不亏。万物纷糅⑧,与之转化,以听⑨天下,若背⑩风而驰,是谓至德。至德则乐矣。古之人有居岩穴而神不遗⑪者,末世有势为万乘⑫而日忧悲者。由此观之,圣亡乎治人而在于得道,乐亡乎富贵而在于德和,知大己而小天下,则几于道矣。（《淮南子·原道训》）

【注释】

　　①坦坦:平坦。②迫、感:二字应互移位置。③物穆:深邃的样子。④优游:悠闲自得。委纵:委屈柔顺。⑤响:回声。景:影子。⑥秉:掌握。⑦玄:这里指"道"。伏:守护之意。⑧纷糅:众多而杂乱。⑨听:治理。⑩背:背对着风来的方向,即指顺风。⑪岩穴:山崖洞穴。遗:失去。⑫万乘:指天子的车乘。

【今译】

大道平坦,离人自身不远,向自身去寻求"道",丢失了就可以找回来。(得道者)有感触就有反应,逼迫时便有举动,他深邃无穷,变化没有形迹,悠闲地委屈顺从,就像呼声与回响、物体和影子一样相随。居高临下而不失去所秉之"道",遭遇危机而不忘记守护玄妙之"道"。能保持住"道",他的"德"就不会亏损。万物虽然纷纭复杂,却能和他一起转移变化,以"道"来治理天下,就像顺着风奔跑一样,这就是最高的德性。有了这最高的德性,也就有了快乐。古时候有人隐居在岩洞里,但他们的精神道德没有丧失,随着世道衰败,有人虽然身居高位却天天忧愁悲伤。由此看来,圣明不在于治理人事,而在于得"道",快乐不在于富贵,而在于道德和恰,懂得重视自身修养而看轻身外之物,那就接近于"道"了。

【时析】

"大道坦坦,去身不远"与儒家《中庸》的"道不远人"有异曲同工之妙,都是强调人求道不要到外面去找,要到自己的内在本性中去找。在本性中把握道是治理天下的基础。在盛德的时代,人们能够得道,掌握"道",就有了最高的德性。有了这最高的德性,也就有了快乐,以"道"来治理天下也就非常轻松自然。

> 至德之世,甘暝①于涽澜②之域,而徙倚于汗漫③之宇,提挈天地而委④万物,以鸿濛为景柱⑤,而浮扬乎无畛⑥之际。是故圣人呼吸阴阳之气,而群生莫不颙颙然⑦仰其德以和顺。当此之时,莫之领理决离⑧,隐密⑨而自成,浑浑苍苍⑩,纯朴未散,旁薄⑪为一,而万物大优⑫。是故虽有羿之知而无所用之。(《淮南子·□真训》)

【注释】

①甘暝:甘眠,香甜地睡眠。②涽澜(hùnxián):浑然无边的样子。③徙倚:自由遨游。汗漫:广大无边的样子。④提挈:提举。委:抛弃。⑤鸿濛:太阳出来的东方之野。景柱:影柱。⑥浮扬:遨游。无畛(zhèn):无边界。⑦颙颙(yóng)然:仰慕的样子。⑧领理:

治理,管理。决:决裂。离:背离。⑨隐密:隐藏,不露声色。⑩浑浑苍苍:混沌不清的样子。
⑪旁薄:广大无边,混同充塞。⑫优:充足,富裕。

【今译】

盛德的时代,人们甜睡在浑然无边的境界,自由遨游在广阔无垠的地方,提举天地而遗弃万物,他们把东方之野作为太阳的影柱,而在茫茫天际漫游。因此,圣人能够呼吸协调阴阳二气,万物群生没有不羡慕他的德性而平和柔顺。在这个时候,没有人能够统帅治理,也没有人决裂而去,不动声色万物自然形成,混沌不清,淳朴的本性没有消失,广大无边而又浑然一体,而万物自然丰足。这个时候即使有羿那样的智巧,也没有地方可以使用它。

【时析】

这段是道家描绘的"大同世界"的情景。《淮南子·俶真训》把上古历史分为"至德之世"、伏羲氏、神农黄帝、昆吾夏后、周室之衰五个阶段。在"至德之世",天地万物与人类和谐相处,人们无忧无虑,浑然自然,自由自在,任意遨游。由于那时人们没有欲望,没有思虑,没有竞争,没有破坏自然,淳朴清净,所以人的能力也是很高的。但是,随着社会的发展,纯朴消失,巧诈萌生,争斗不休,嗜欲无止,道德沦丧,人的天真本性逐渐失去。怎么解决这些问题?作者提出只有"内修道术",而不"外饰仁义",返回根本,才是必由之路,这显然是对当时社会的批判。从历史观上说,虽然作者有崇古非今的倾向,但其中也包含了平等、公正、互助等积极思想,是值得肯定的。

古者,至德之世,贾便其肆①,农乐其业,大夫安其职,而处士②修其道。当此之时,风雨不毁折,草木不夭,九鼎重味③,珠玉润泽,洛出丹书④,河出绿图⑤,故许由、方回、善卷、披衣,得达其道⑥。何则?世之主有欲利天下之心,是以人得自乐其间。四子之才,非能尽善盖⑦今之世也。然莫能与之同光⑧者,遇唐、虞⑨之时。逮至夏桀、殷纣,燔⑩生人,辜⑪谏者,为炮烙⑫,铸金柱⑬,剖贤人之心,析才士之胫⑭,醢鬼侯⑮之女,菹梅伯⑯之骸。当此之时,崤山⑰崩,三川涸⑱,飞鸟铩⑲翼,走兽挤^⑳脚。当此之时，岂独无圣人哉？然而不能通其道者，不遇其世。夫鸟飞千仞之上，兽走丛薄^㉑之中，祸犹及之，又况编户齐民乎？由此观之，体道者，不专在于我，亦有系^㉒于世矣。(《淮南子·俶真训》)

【注释】

①贾：行商。肆：店铺。②处士：就是善于自处、不求闻达于当世的清高之士。③九鼎：据《尚书·禹贡》和《春秋左传》记载：大禹划分天下为九州，令九州州牧贡献青铜，铸造九鼎，以一鼎象征一州，并将九鼎集中于王城，成为国家统一的象征，后来在历史上就成为象征国家政权的传国之宝。自夏至周，九鼎由夏朝都城先后迁到商都亳京、周都镐京。周朝后期因战火频繁，九鼎神秘失踪，从此失传。重：厚。④丹书：指《洛书》。传说夏禹治水时，洛水神龟负之而出，故称《洛书》。因用朱笔书写，故也称丹书。⑤绿图：指《河图》。相传，上古伏羲氏时，洛阳东北孟津县境内的黄河中浮出龙马，背负"河图"，献给伏羲。伏羲依此而演成八卦，后为《周易》来源。《易·系辞上》说："河出图，洛出书，圣人则之。"就是指这两件事。⑥许由：相传为尧时高士，尧要把君位让给他，他逃至箕山下农耕而食；尧又请他做九州长官，他到颍水边洗耳，表示名禄之言污耳。方回：相传为尧时高士，曾隐于五柞山，尧聘为闾士，炼食云母粉，为人治病。事迹见汉刘向《列仙传·方回》。善卷：又名单卷、善绻，相传为远古后期游牧于菏泽、四泽、六水之地的东夷族中影响较大的氏族首领，因善道术，有德行，被时人尊称为单父(单即单卷，父是古人对长辈男子的尊称)。尧坐天下听说单卷得了道，就面朝北来侍奉他，等到尧把天下让给虞舜以后，舜又去亲近他，要把天下让给他。披衣：又名被衣，尧时高士，传说尧的老师是许由，许由的老师是啮缺，啮缺的老师是王倪，王倪的老师是被衣。由此看来被衣资格最高，为太上祖师。事迹见皇甫谧《高士传》。⑦盖：掩。⑧光：赞誉。⑨唐、虞：指尧、舜。⑩燔(fán)：焚烧。⑪辜：无罪被杀。⑫炮烙：本作炮格，是一种烧烫的酷刑。这里指纣王在位时，为了镇压反抗者所设置的一种酷刑的名称。纣王让人用铜制成方格，下面煨上炭火，把铜格子烧得通红，让有罪的囚犯赤着双脚在上面行走，囚犯痛得惨叫不已，有的人就从格子上掉下来，落入火中被烧死。⑬金柱：与炮烙类似，在铜柱上涂抹膏油，下面燃烧炭火，让犯人赤足在铜柱上走过，那是一定要滑下去的，滑下去便跌到火炭上烧死。⑭析：解开。胫：小腿，这里指脚。成语"不胫而走"即用此意。⑮醢(hǎi)：肉酱。鬼侯：一作九侯，殷诸侯名。⑯菹(zū)：剁成肉酱，切碎。菹醢：古代把人剁成肉酱的一种酷刑。梅伯：传说为商纣臣，因多次劝谏，被纣王杀害。⑰峣山：在今陕西蓝田县东南。⑱三川：指陕西境内的泾河、渭河、洛河(不是今河南省洛河而是北洛水，即今陕西省内的北洛河)。⑲铦：有鼻的剑，这里有"折断"之意。⑳挤：毁坏。㉑丛薄：茂密的草丛。㉒系：关联。

【今译】

在上古盛德的时代，商人在方便的地方设置店铺，农民以耕田种地为乐，大夫安于职守,高士修炼道术。在这个时候,狂风暴雨不毁折庄稼,草木旺盛,九鼎中有厚味,珍珠美玉闪着光泽,洛河里出现丹书,黄河里现出了绿图,所以许由、方回、善卷、披衣,能够得先王之道。为什么这样呢?天子有为天下人谋利益之心,因此人们能够自乐其道于天地之间。这四个人的才能,不能算是最突出的,却能超过今世。但是,没有人能够与他们争荣誉,是因为遇到了唐尧、虞舜这样的盛世。等到夏桀、商纣王时代,烧死活人,杀死劝谏者,设立炮烙,树起金柱这样的酷刑,剖开贤人比干的五脏,割开才士的脚胫,把鬼侯的女儿和梅伯的尸骨剁成肉酱。在这个时候,高高的嶢山崩塌了,泾河、渭河、洛河枯竭了,天上的飞鸟折断了翅膀,地上的走兽损坏了脚。这时候难道没有圣人吗?然而不能推行他们的理想,是因为没有遇到明世。鸟儿可以飞到千仞的高空,野兽可以奔跑在草丛之中,灾祸还不能免,又何况是普通的民众呢?从这里可以看出,掌握"道"的人,不仅在于我自身,也是与整个社会联系在一起的。

【时析】

这里除了描述至德之世人与人和谐相处,人们在各行各业各安其位,各尽其职,君主以利天下为己任,风调雨顺,天地万物生长发荣,祥瑞不断出现的情形之外,还以历史退化论的视角,描写了夏桀、商纣王时代统治者残暴无情,人人自危,自然灾害频发的状况。这样就形成了鲜明的对比,以说明得道并非是全凭个人的道德修养所能达到的境界,而是与其所处的世道紧密相连的。这样就赋予了君主和体道者以济世的责任,是《淮南子》面对现实所设计的较为合理的理想社会。

伏戏①、女娲②不设法度,而以至德遗于后世。

(《淮南子·览冥训》)

【注释】

①伏戏:即伏羲,又作宓羲、庖牺、包牺,亦称牺皇、皇羲、太昊,《史记》中称伏牺,为三皇之一,所处时代约为旧石器时代中晚期,被认为是中华民族远祖之一。②女娲:是中国历史神话传说中的一位女神。与伏羲为兄妹,人首蛇身,相传曾炼五色石以补天,并抟土造人,制嫁娶之礼,延续人类生命,造化世上生灵万物。

【今译】

伏羲、女娲时代以道治天下,不用设置法律制度,而把最大的德性遗留给后来的人。

【时析】

　　上古伏羲、女娲以道治天下,成为人们的一种理想的政治模式,对后代中国的政治文化影响甚大。

　　　　昔者,黄帝治天下,而力牧①、太山稽②辅之,以治日月之行,律治阴阳之气,节四时之度,正律历之数;别男女③,异雌雄,明上下,等贵贱,使强不掩弱,众不暴寡;人民保命而不夭,岁时孰而不凶④,百官正而无私,上下调而无尤⑤,法令明而不闇⑥,辅佐公而不阿⑦,田者不侵畔⑧,渔者不争隈⑨,道不拾遗,市不豫贾⑩,城郭不关,邑无盗贼,鄙旅⑪之人,相让以财,狗彘⑫吐菽粟于路,而无忿争之心。于是日月精明,星辰不失其行,风雨时节,五谷登孰,虎狼不妄噬⑬,鸷鸟⑭不妄搏,凤皇翔⑮于庭,麒麟游于郊,青龙进驾⑯,飞黄伏皂⑰,诸北、儋耳⑱之国,莫不献其贡职。然犹未及虑戏氏之道也。(《淮南子·览冥训》)

【注释】

　　①力牧:黄帝臣。黄帝曾经梦人执千钧之弩,驱羊数万,醒了之后,就知道天下必有姓风名后的人辅助他,后果然得之于大泽。②太山稽:黄帝臣。③别男女:废除男女杂居。原始社会曾经是群婚制,男女关系很混乱。④孰:通“熟”。凶:年成坏。⑤尤:责怪、怨恨。⑥闇:通“暗”。⑦阿(ē):迎合,屈从。⑧畔:田界。⑨隈(wēi):山水等弯曲的地方,这里指港湾。⑩豫:卖东西的人故意把价报大来骗人购买。贾:同“价”。⑪鄙旅:乡里百姓。⑫彘(zhì):野猪。⑬噬(shì):咬。⑭鸷鸟:凶猛的鸟,如鹰、雕、枭等。⑮翔:止。⑯青龙:即青色的龙,一作苍龙,在中国传统文化中是四象之一,根据五行学说,它是东方的灵兽,方位是东、左,代表春季。驾:古代帝王的车乘。⑰飞黄:传说中的神马名,也叫乘黄。皂:马槽。⑱诸北:北极之国。儋耳《山海经·大荒北经》:“有儋耳之国,任姓。”大概在今海南岛一带。

【今译】

　　从前黄帝治理天下的时候,有力牧、太山稽这些贤臣辅助,按日月运行的规律做事,依照阴阳交替的规则行动,调整四时变化的节气,确定律历的具体标准;废除男女杂居,分别男女职责,明确上下权限,区分贵贱等级,使强壮有力的人不欺侮弱小的人,人多势众的不能压迫势单力薄的人;人民善于养生而长寿,庄稼按时收割而无荒。百官公正而无私,上下协调而和睦。法令制度明白而不黑暗,辅助大臣正直而不逢迎。种田的人不去侵占别人的一寸土地,打鱼的人不去争夺鱼多的港湾。路上丢失了东西没有人据为己有,市场上没有诳价欺骗人的商人。城内外的门不用关闭,村镇也没有盗贼。即使偏鄙的乡下百姓,也知道互相礼让财物,猪狗之类把食物吐在地上,而没有争斗之心。在这种情况下,日月运行正常,星辰也没有偏离。风雨按时节而来,年年五谷丰登。虎狼不随便攻击其他动物,凶猛的鸟不搏杀其他鸟类。凤凰落在庭院中,麒麟游走在郊外。神龙为黄帝进献车驾,飞黄供他驱使。直到遥远的北方之国、南方的儋耳等国,都及时献上他们的贡品。虽然这样,还达不到伏牺氏治理天下之道。

【时析】

这里描写的黄帝之治与《文子·精诚》篇很接近,但比《文子》要详尽,可以看成是对《文子》思想的发挥。尽管在今天的人看来,这个社会美好得无以复加,但是作者以道家的观点看,仍然认为黄帝之治还不及伏牺氏治理天下之道。

当此之时,卧倨倨①,兴眄眄②,一③自以为马,一自以为牛,其行蹎蹎④,其视瞑瞑⑤,侗然⑥皆得其和,莫知所由生。浮游⑦不知所求,魍魉⑧不知所往。当此之时,禽兽蝮蛇,无不匿其爪牙,藏其螫毒,无有攫噬⑨之心。考⑩其功烈,上际九天,下契黄垆⑪,名声被后世,光晖重⑫万物。乘雷车,服驾应龙⑬,骖青虬⑭,援绝瑞⑮,席萝图⑯,黄云络⑰,前白螭⑱,后奔蛇⑲,浮游消摇(逍遥),道⑳鬼神,登九天,朝帝于灵门,宓穆休于太祖之下㉑。然而不彰其功,不扬其声,隐真人㉒之道,以从天地之

固然㉓。何则？道德上通，而智故㉔消灭也。(《淮南子·览冥训》)

【注释】

①倨倨:无思无虑的样子。②眳眳:无知的样子。③一:有时。④蹎蹎(diān diān):稳重着实的样子。⑤瞑瞑:昏暗迷乱的样子。⑥侗然:无知的样子。⑦浮游:任意游玩。⑧魍魉(wǎng liǎng):恍惚,迷茫无所依的样子。⑨攫噬(jué shì):抓取而吞噬。⑩考:考察。⑪契:刻。黄垆:黄泉下的垆土。⑫重:当为熏。⑬应龙:有翅膀的千年龙,五百年的被称为角龙。龙是不凡之物,寿命奇长,应龙更是龙中之贵。⑭骖(cān):驾车时在两边的马,这里用做动词,指在两旁驾车。虬(qiú):有角的龙。⑮援:持,执。绝瑞:殊绝的瑞玉。⑯席:铺着。萝图:车上的席子。⑰黄云:黄色的云气。络:缠绕。⑱白螭:白色的龙。⑲奔蛇:能腾云驾雾的蛇。⑳道:导。㉑宓穆:安详静穆。太祖:道之大宗。㉒真人:道教称修行得道的人,多用做称号。㉓固然:自然。㉔智故:巧诈,巧饰。

【今译】

在这个时候,睡卧时无思无虑,起来时无知无识。有时自以为是马,有时自以为是牛,他行动是稳重着实的,他看东西是昏暗迷乱的,他无知却能得到应和,没有人知道这种智慧是从什么地方产生的。任意漫游不知需要什么,恍惚不知要走到什么地方去。在这个时候,猛兽毒蛇,没有不缩起它们的爪牙,隐藏起螫毒,没有扑杀吞食的动机。考察他的功德,向上可以通达九天,向下可以镂刻在黄垆上,美名传遍后代,光辉照耀万物。他乘着雷车,中间驾着应龙,两边配着虬龙,持着殊绝之瑞玉,铺着萝图,缠绕着黄云,前有白螭开道,后有奔蛇护卫,逍遥自在,由鬼神引导,登上了九天,在灵门朝拜天帝,在大道的祖先旁平静地休息。虽然如此,但是不表彰他的功德,不宣扬他的名声,隐藏起真人的道术,来随从天地自然而行动。为什么这样呢? 道德已经与上天贯通,而那些智巧之类已经消灭了。

【时析】

这段文字是讲伏牺氏治理天下的情形。道家认为上古以女娲、伏牺为代表的三皇时代,是以道治天下,道法自然,无为而治。也就是说,人们按照天地运转的自然法则劳作生活,无所谓权力,没有法律制度,不存在政教,天下自然太平,这是最高的境界。这与黄帝的积极进取、有所作为、以礼义法度治理天下相比,胜过一等。

曩古①**之世,无君无臣。穿井而饮,耕田而食,**

日出而作，日入而息。泛然不系^②，恢尔^③自得。不竞不营^④，无荣无辱。山无蹊径^⑤，泽无舟梁。川谷不通，则不相并兼。士众不聚，则不相攻伐。是高巢不探，深渊不漉^⑥。凤鸾栖息于庭宇，龙麟群游于园池。饥虎可履，虺蛇^⑦可执。涉泽而鸥鸟不飞，入林而狐兔不惊。势利不萌，祸乱不作。干戈不用，城池不设。万物玄同，相忘于道。疫疠不流，民获考终^⑧。纯白在胸，机心不生。含餔而熙^⑨，鼓腹而游。其言不华，其行不饰。安得聚敛以夺民财，安得严刑以为坑阱^⑩！（《抱朴子·外篇·诘鲍卷》）

【注释】

①曩(nǎng)：以往，从前。曩古：古代，往古。②泛然：漂浮、浮动的样子。不系：指舟不系缆绳，任其随波漂浮。③恢尔：广阔的样子，这里指心胸宽广。④营：谋求。⑤蹊(xī)径：小路。⑥漉：竭尽，这里指把水排尽。⑦虺(huǐ)蛇：毒蛇。⑧考终：享尽天年。⑨餔：通"哺"。含餔：嘴里含着食物。熙：嬉戏。⑩坑阱：陷阱的意思。

【今译】

往古的时候，没有君主与臣民之分。人们自己打井取水来饮用，耕田种地打下粮食食用，太阳升起时就下地干活儿，太阳下山了就返家安息。他们的生活像不系缆绳的舟，没有任何约束、控制，自由自在，心胸宽广，怡然自得。没有竞争没有营谋，没有荣耀没有屈辱。山里没有小道路径，湖泽上没有舟船和桥梁。河流和山谷之间不能通行，就不会出现相互兼并的现象。士和百姓不能聚首在一起，就不会互相攻战。因此，高树上的鸟巢不会被掏捣，深渊里的潭水不会被排尽。凤鸟敢栖息在庭院中、屋檐下，龙和麒麟成群结队地浮游盘桓在园子里、池塘中。即使踩着饿虎的尾巴老虎也不会咬人，毒蛇可以拿在手里也不会伤人。涉水经过湖泽，鸥鸟不会警惕而高飞；进入山林，狐狸、兔子也不会受惊吓而逃走。权势利益的概念还不曾萌发，祸患混乱就不会产生。用不着武器，也用不着设置城墙和护城河。天下的万物浑然一起同生，相互忘怀于大道之中。瘟疫疾病不会流行，老百姓可以享尽天年高寿善终。胸怀纯净洁白坦荡，不会萌生机变巧诈的念头。人们嘴里含着食物到处嬉戏，吃饱了拍着肚子到处游逛。他们说话质朴无华，不会浮夸，行为举止不会伪饰。哪里会有后来的统治者为了聚敛财富而掠夺老百姓的财产，设立严

天下大同

刑来惩罚老百姓就像设置陷阱捕杀野兽一样的事情！

【时析】

　　这是葛洪记载的鲍敬言的一段话。鲍敬言是东晋思想家,生平事迹及著述不详,似与葛洪同时。其言论今存于《抱朴子·外篇·诘鲍卷》中。在两晋之际的乱世,社会上形成了一股反对封建统治、鼓吹"无君论"的思潮,其中的一个代表人物就是鲍敬言。在他的头脑中,大概古时代,是一个没有君主、没有剥削、自耕自食、自由平等的人间乐园。人与人没有竞争,和谐相处;人与生物互不侵害,和谐共生。这是中国古代劳动人民向往和平、幸福生活的美好愿望,是他们对理想农业社会的追求。鲍敬言的"无君论"歌颂原始社会,主要的是歌颂其中没有阶级,没有人剥削人、人压迫人的制度。但是,他不加分析,把原始社会的生产力低下的情况也歌颂了。鲍敬言的"无君论"脱胎于老子"小国寡民"和庄子"至德之世"的社会图景,具有复古颂古倾向,同时其中包含着无政府主义的观点,是空想的,不科学的,违背历史发展的,但在一千多年前的古代社会,能直接批评和否定神权政治,揭露批判君主专制的罪恶,又具有合理和积极的一面,一定程度上反映了农民的思想观点和利益,在中国思想史上有重要意义。

　　昔洪荒①之世,大朴②未亏,君无文③于上,民无竞④于下,物全理顺,莫不自得。饱则安寝,饥则求食,怡然鼓腹,不知为至德之世也。若此,则安知仁义之端⑤,礼律之义?(《嵇康集·难自然好学论》)

【注释】

　　①洪荒:是指混沌蒙昧的状态,借指太古时代,经常说洪荒时代,洪荒世界。②大朴:原始质朴的大道。③文:这里指礼义。④竞:通"竞"。⑤端:端绪。

【今译】

　　在远古混沌蒙昧的时代,大道朴素,本性圆满,君在上而不用礼义,民在下而没有争执,万物浑全,事理顺和,人人自得其乐。吃饱了就安卧酣睡,饥饿了就出来寻找食物,轻松自然地生活着,身处盛德的时代而浑然不觉。如果是这样的话,哪有必要知道仁义的端绪,礼法的意义?

【时析】

《难自然好学论》是嵇康为反驳张邈的《自然好学论》而作的一篇政论文章。在他看来,原始社会没有纲常礼教,朴实美好的风尚未曾受到损害,无为而治,天人一体。人既得自然之性,又哪里需要知道什么礼律呢?嵇康所以如此称赞愚昧的原始社会,不能简单地理解为他真的想开历史倒车,他只是不满于现实,借古讽今罢了。由于当时政治黑暗,社会长期动荡,社会秩序混乱,人们生活在焦虑不安、精神紧张之中,嵇康在文章中表达了他对远古混沌蒙昧的时代,大道朴素、轻松自然生活的向往和追求。嵇康是玄学家,玄学实际上是道家与儒家的糅合,所以嵇康也就必然受到道家思想的影响。

昔者天地开辟①,万物并生。大者恬其性,细者静其形。阴藏其气,阳发其精。害无所避,利无所争。放之不失,收之不盈。亡不为夭,存不为寿。福无所得,祸无所咎,各从其命,以度相守②。明者不以智胜,暗者不以愚败。弱者不以迫③畏,强者不以力尽。盖无君而庶物定,无臣而万事理,保身修性,不违其纪。惟兹若然④,故能长久。(《阮籍集·大人先生传》)

【注释】

①天地开辟:古代神话传说盘古氏开辟天地,开始有人类历史。②咎:过失,罪责。度:这里指自然的法则、法度。③迫:用强力压制,硬逼。④惟:只有。兹:指示代词,这个。若然:如此。

【今译】

上古盘古氏开辟天地,天地之间万物一起生长起来。这个时候,大的本性恬淡,小的形态安然,阴性收藏自己的真气,阳性发射自己的真精。没有什么伤害需要躲避,没有什么利益需要争得。放开没有什么损失,收敛没有什么满盈。早死不算夭折,多活不算长寿。有福不算什么获得,有祸没有必要指责,各自顺从着自己的命运,坚守着自然的法度。明白的人不凭借智慧而取胜,糊涂的人不因为愚蠢而失败。弱者不会被强力压制而畏惧,强者不会力气用尽。没有君主而万物都各安其位,没有大臣而万事都有条不紊,保护身体,修养性情,不违背社会的纲纪。只有像开天辟地时候这样,社会才能长治久安。

【时析】

这是阮籍《大人先生传》中的一段话,他假托"大人先生"之口,表述自己对社会历史的看法,认为远古开天辟地的时候有一个理想社会,不但没有利害、夭寿、祸福的观念,而且也没有君臣和强权,是一个彻底的无政府、无权力、无争夺,甚至是无是非的地方,人们顺应自然,纯真朴实,一片天籁。但自从有了君臣,就有了欺诈和残害的行为。那些统治者制订礼法来束缚老百姓,诳骗愚拙的人们,于是强者横行无忌,弱者只能劳苦困顿地受人奴役。在当时的历史条件下,他既不满于现实,又找不着合理的前进道路,于是思想很自然地回到传说中的上古之世,描绘了这样一幅场景。这虽然是一种空想,但却表现了作者对社会现实的不满以及向往淳朴社会的愿望。这种理想的社会模式来源于《庄子》,但比庄子更加概括,抛弃了庄子复古主义的理想模式,抛弃了庄子理想社会的物质生活原始性,以及没有智慧的精神蒙昧性,继承发展了他反对异化、自然无为的思想,表达了对于封建统治者的批判和反抗。

古之王者,承天理物,必崇简易之教,御无为之治。君静于上,臣顺于下,玄化潜通①,天人交泰②。枯槁③之类,浸育灵液④。六合⑤之内,沐浴鸿流⑥,荡涤⑦尘垢。群生安逸,自求多福,默然从道,怀忠抱义,而不觉其所以然也。和心足于内,和气见于外。故歌以叙志,舞以宣情。然后文以采章,照之以风雅,播之以八音⑧,感之以太和。导其神气,养而就之;迎其情性,致而明之;使心与理相顺,气与声相应,合乎会通以济其美。故凯乐之情见于金石,含弘光大⑨显于音声也。若以往则万国同风,芳荣济茂,馥如秋兰,不期而信,不谋而成,穆然相爱,犹舒锦布彩而粲炳可观也。大道之隆,莫盛于兹,太平之业,莫显于此。(《嵇康集·声无哀乐论》)

【注释】

①玄化:圣德教化。潜通:暗通。②泰:通。交泰:交通。《潜夫论·班禄》:"是以天地交泰,阴阳和平。"古人认为天地以阴阳之气交融而生成万物。③枯槁(kū gǎo):面容憔悴,形容枯槁。④浸育:滋润养育。灵液:指唾液。《本草纲目·口津唾》:"人舌下有四窍,两窍通心气,两窍通肾液;心火流入舌下为神水,肾液流入舌下为灵液。"古代修炼的人认为唾液是人体内的玉液,练功时吞咽可以提高功力,使人返老还童。⑤六合:指上(天)、下(地)和东西南北四方,泛指天下或宇宙。⑥鸿流:广为流布的德化。⑦荡涤:清洗、洗除。⑧八音:中国历史上最早的乐器科学分类法,西周时已将当时的乐器按制作材料,分为金(钟、镈)、石(磬)、丝(琴、瑟)、竹(箫、篪)、匏(笙、竽)、土(埙、缶)、革(鼗、雷鼓)、木(柷、敔)八类。⑨含弘:包容博厚。光大:广大。《易·坤》:"含弘光大,品物咸亨。"

【今译】

古代的圣王,能够承天之命,治理万物,他们必定尊崇简易的教化,用无为而治来进行统治。这样,在上的君主清静不扰,在下的大臣恭顺循例,圣德教化不见而通,天与人相互交融。身体不好的人,可以通过修炼来增进健康。天下的人们,沐浴着广为流布的德化,清洗着内心的污垢。所有的生命

阮籍

都安逸地生活着,自己追求着幸福,默默地遵从大道,怀抱忠义,而并不明白为什么是这样。内心有充足的和谐,和气就会表现于外。因此,就需要通过歌声抒发情志,通过舞蹈宣泄感情。然后,以多彩的华章加以文饰,以风雅的情调给予表现,以多样的乐器进行传播,以圆满的和谐进行感通。调和自己的精神,导引自己的真气,保养而充实之;对着自己的情感,依着自己的本性,升华而显现之;使心性与物理相互顺应,真气与声音相互感应,和合会通来增加美感。所以,欢乐之情通过金石表现出来,博厚广大在音声当中显现出来。就仿佛上古时代,天下万国同一风俗,花草繁盛,馨香淡雅,人们不期而遇,互相信任,没有谋略,做事成功,安静相爱,好像舒展锦绣,布设彩缎,是一幅灿烂光辉的情景。大道的兴隆,其繁盛亦不过如此,太平的业绩,其显赫也不过

如此。

【时析】

这是嵇康理想中的世界,是君主无为而治、臣下恭顺尽职、天人和谐的太平盛世。论君道,则曰君静于上;论臣道,则曰臣顺于下;论人民之道,则曰群生安逸。这样,便是大道之隆,太平之业。也就是说,每个社会成员各自依照自身的本性,在自己特定的社会地位中生活,发挥着自身的特定作用,这是人类社会的和谐。而人类社会的这种和谐性,正是依据于自然的和谐性而建立的,从而也是宇宙整体和谐性的体现。并特别强调圣人之"乐",内可以陶冶或平衡人的心灵,外可以调和人与人的关系。用"乐"之和谐来理解和规定宇宙的和谐,或说把"乐"之和谐归结为宇宙的和谐,认为圣王用"乐"教化天下,同时也就是依据于自然的原则平治天下,能如此,即可以"移风易俗",致"太平之业"。这是嵇康陈述他的政治理想,是道家清静无为的政治理想的复述。在正始前后,统治阶级间权术的诈谲与刑名的残酷,表现出社会的混乱,特别是引起农民战争,社会矛盾表现得十分尖锐,这一简易无为的政治理想的提出,正反映了贵族士人要求安定的心理。这些思想对于我们构建和谐社会,有着积极的启示。

至人之治

　　夫至人①之治也，弃其聪明，灭其文章②，依道废智，与民同出乎公。约其所守，寡其所求，去其诱慕③，除其贵欲④，损其思虑。约其所守即察⑤，寡其所求即得，故以中制外，百事不废，中⑥能得之则外能牧之⑦。中之得也，五藏宁，思虑平，筋骨劲强，耳目聪明。大道坦坦，去身不远，求之远者，往而复返。（《文子·道原》）

【注释】

　　①至人:古时道德修养完美无缺、超脱世俗、顺应自然而长寿的人。《素问·上古天真论》:"中古之时,有至人者,淳德全道,和于阴阳,调于四时,去世离俗,积精全神,游行天地之间,视听八达之外,此盖益其寿命而强者也。"②文章:文采。本指错综华美的色彩和花纹,这里指才华。③诱慕:即贪图荣华势利。④贵欲:嗜好与欲望。多指贪图身体感官方面享受的欲望。⑤察:不烦扰。⑥中:内心。⑦外:指情欲。牧:养。

【今译】

　　所以具有最高道德修养的人治理天下,弃置他们的聪明,毁灭他们的文饰,依道而行,废弃智巧之事,与民众同出于公正之心。他们约束自己的职守,减少自己的需求,抛弃名位势利,去掉嗜好欲望,减损思考忧虑。约束自己的职守,就不会有烦扰;减少自己的需求,就容易得道。所以,以心控制外在的诱惑,什么事情都不会被废败,心性修养成功,外部的情欲就能得到牧养。心性得到修养,人体五脏便安宁,思虑便平和,筋骨强劲,耳聪目明。大道平坦,离人自身不远,向自身去寻求"道",丢失了就可以找回来。

【时析】

　　至人之治是《文子》描绘的理想社会的蓝图,其基本特点就是按照大道行动,反对聪明智巧,反对文饰,强调社会公正。具体到对社会成员的要求是约束自己的职守,减少自己的需求,抛弃名位势利,去掉嗜好欲望,减损思考忧虑。能够做到这些，首先对自己的身体是有绝大益处的。它所说的"大道坦坦，去身不远，求之远者，往而复返"是儒家"道不远人"和道家"大曰逝，逝曰远，远曰反（返）"的融合。

　　昔者，神农之治天下也，神不驰于胸中，智不出于四域，怀其仁诚之心，甘雨时降，五谷蕃①植，春生夏长，秋收冬藏，月省时考②，岁终献功③，以时尝谷④，祀于明堂。明堂⑤之制，有盖而无四方，风雨不能袭，寒暑不能伤，迁延⑥而入之，养民以公。其民朴重端悫⑦，不纷争而财足，不劳形而功成，因天地之资而与之和同⑧。是故威厉而不杀，刑错⑨而不用，法省而不烦，故其化如神⑩。其地南至交阯⑪，北至幽都⑫，东至旸谷⑬，西至三危⑭，莫不听从。当此之时，法宽刑缓，图圄⑮空虚，而天下一俗，莫怀奸心。（《淮南子·主术训》）

【注释】

　　①蕃：（草木）茂盛。②月省时考：按月、按季节查看考察。③献功：报功。④以时尝谷：品尝新谷。⑤明堂：古代天子宣明政教的地方。天子在这里祭祀上帝和祖先，举行养老尊贤的典礼，举行宴飨、射箭比赛、献俘、颁布教化、发布政令、朝见四方诸侯等仪式。⑥迁延：逍遥自在。⑦朴重：敦厚，庄重。端悫（què）：端正，诚笃。⑧资：资助，供给。和同：见于《老子》第五十六章："和其光，同其尘。""和光同尘"的略称，是道家的一种生活态度，混同他们的品德光彩，统一他们的行动尘迹。⑨刑错：也作"刑措"，指无人犯法，刑法搁置不用。错：通"措"，放置。⑩其化如神：是说神农对民众的教化功效的神奇。⑪交阯：即越南，古称交趾国。这里泛指两广以南和越南北部一带。⑫幽都：北方山名。《山海经·海内经》："北海之内，有山名曰幽都之山。"⑬旸谷：古书上、传说中指日出的地方，亦作"汤谷"。古人传说太阳早晨从东方的"旸谷"出发，晚上落入西方的"禺谷"。⑭三危：是史书中记载的最早的敦煌地名。《尚书·舜典》载："窜三苗于三危。"⑮图圄：原意就是监牢的意思，出自《韩非子·三守》："至于守司图圄，禁制刑罚，人臣擅之，此谓刑劫。"

【今译】

　　从前神农氏治理天下的时候，精神安静而不躁动驰骋于胸中，智慧藏匿而不显露于身外四方，只怀着一颗仁爱真诚之心。因而甘雨及时降落，五谷繁茂生长，春生夏长，秋收冬藏。按月检查，每季考察，到年底向祖宗神灵汇报丰收成功的喜讯，按照季节品尝新谷，在明堂上举行祭祀活动。明堂的建制式样，有天穹一样的圆形顶盖而无四面墙壁，但风雨却不能侵袭，寒暑也不能伤害。每当祭祀祖宗神灵时，神农氏率领随从胸襟坦荡步履从容地进入，以公正之心养育民众。他的民众朴素稳重，正直诚实，不互相夺而财物充足，不去辛劳形体而能大功告成。他凭借着天地的资助，而与万民融会一体。所以，他尽管身处威厉地位，但却从不逞威逞凶；制定刑法政令，但却不必动用；法令简略而不烦琐，所以对民众的教化功效神奇。他的管辖地域南到交趾，北到幽都，东到旸谷，西到三危，各处无不听从归附。在这个时候，法律宽厚，刑罚轻缓，监狱空虚，而天下风俗却纯一，没有人怀有奸诈之心。

【时析】

这是在讲神农氏治理天下的情形。神农氏治理天下的时间里，主要通过祭祀礼仪来教化民众。神农氏自己身体力行的作用也很重要，他的治理无须靠刑罚管束，人与人之间没有相欺之意。依据传说资料，当时的集市已经出现，人们靠物物相换来进行贸易，童叟无欺，买卖公平，一派繁华的景象。神农氏以道治天下，所创造的太平盛世成为千百年来，无论是帝王还是百姓都向往的理想蓝图。

是故至人之治也，掩其聪明，灭其文章，依道废智，与民同出于公。约其所守，寡其所求，去其诱慕，除其嗜欲，损其思虑。约其所守则察，寡其所求则得。夫任耳目以听视者，劳形而不明；以知虑为治者，苦心而无功。是故圣人一度循轨①，不变其宜，不易其常，故②准循绳，曲③因其当。夫喜怒者，道之邪④也；忧悲者，德之失也；好憎者，心之过也；嗜欲者，性之累⑤也。人大怒破阴⑥，大喜坠阳，薄气发瘖⑦，惊怖为狂，忧悲多恚⑧，病乃成积，好憎繁多，祸乃相随。故心不忧乐，德之至也；通而不变，静之至也；嗜欲不载，虚之至也；无所好憎，平之至也；不与物散⑨，粹⑩之至也。能此五者，则通于神明。通于神明者，得其内者也。

是故以中制外，百事不废；中⑪能得之，则外能收之⑫。中之得则五藏宁，思虑平，筋力劲强，耳目聪明，疏达而不悖⑬，坚强而不鞼⑭，无所大过，而无所不逮，处小而不逼，处大而不窕⑮，其魂不躁，其神不娆⑯，湫漻⑰寂寞，为天下枭⑱。（《淮南子·原道训》）

【注释】

①一：统一、整齐。轨：法度。②故：当作"放"，依据。③曲：曲折周到。④邪：偏邪。⑤累：牵累。⑥阴：阴气。⑦薄气：谓阴阳气相冲突。瘖（yīn）：同喑，即失音，系指有言无声的病症。⑧恚（huì）：怨恨，愤怒。⑨散：散乱。⑩粹（cuì）：纯一、不杂，纯粹。⑪中：内心。⑫外：指情欲。收：当为"牧"，养。⑬悖：荒谬，谬误。⑭鞼（guì）：原指有花纹的皮革，这里是折断的意思。⑮窕（tiǎo）：有空隙，这里指空旷。⑯娆（rǎo）：烦忧，扰乱。⑰湫漻（qiū liáo）：清静。⑱枭（xiāo）：原义是指猫头鹰之类的猛禽，这里是指枭雄。

【今译】

所以具有最高道德修养的人治理天下，掩盖他们的聪明，毁灭他们的文饰，依道而行，废弃智巧之事，与民众同出于公正之心。他们约束自己的职守，减少自己的需求，抛弃名位势利，去掉嗜好欲望，减损思考忧虑。约束自己的职守，就不会有烦扰；减少自己的需求，就容易得道。相反，如果放任耳目视听，就会劳乏形体而不能明智；如果只是凭借智虑治理，就会劳损心神而没有功效。因此，圣人统一法令，遵守制度，不轻易改变适宜的政策，不随便变更固定的常法，依据准则，曲折周到地实行大道之治。喜怒无常是"道"的偏邪；忧伤悲痛是"德"的丧失；喜好憎恶是"心"的过错；嗜好欲念是"心"的牵累。大怒会破坏体内阴气，大喜会损伤体内阳气，阴阳之气相互冲突会导致喑哑，惊慌恐怖会导致人发狂，忧虑悲愤，增加怨恨，疾病也由此积成，好恶太多，灾祸也就随之产生。所以圣人保持内心不忧不乐，是"道德"的最高境界；通达而不多变，是"清静"的最高境界；无嗜好欲念，是"虚无"的最高境界；没有爱憎，是"平和"的最高境界；精神不为物惑乱，是"纯粹"的最高境界。能做到上述五点，就能与神明相通了。和神明相通的人，是有内在修养的人。所以，以心控制外在的诱惑，什么事情都不会被废败，心性修养成功，外部的情欲就能得到牧养。心性得到修养，人体五脏便安宁，思虑便平和，筋骨强劲，耳聪目明，通达而不会谬误，坚强而不被折断，没有什么太过分，也没有什么不及，处窄处不觉得逼迫,处宽处不觉得空旷,灵魂不急躁,精神不烦扰,清静恬淡,才能成为天下的英豪。

【时析】

这段话与《文子·道原》中的一段话内容很接近,但是论述更为详尽,应该看成是对《文子》思想的发挥。作者认为具有最高道德修养的人治理天下不是凭借智虑,而是要掌握大道,掩盖聪明,毁灭文饰,废弃智巧,一心为公。但是,人们的喜怒、忧悲、好恶、嗜欲会造成对"道"的偏邪,进而影响到"德"的丧失,"心"的过错和牵累,影响到人的身体健康,形成许多疾病。所以,作者提出了五个方面的修养所应该达到的最高境界:心不忧乐、通而不变、嗜欲不载、无所好憎、不与物散。能做到这五点,就能与神明相通。而这种与神明相通,并不是把自己寄托在神灵那里,而是强调与神明相通就是加强内在修养。内在心性得到修养就能由内制外,牧养情欲,安宁五脏,平和思虑,筋骨强劲,耳聪目明,通达不悖,坚强不折,无过无不及,灵魂不急躁,精神不烦扰,游刃有余地与人相处。显然,内在的心性修养是问题的核心,这似乎与儒家接近,实际上,最后作者总结的是清静恬淡,这是得道以后的基本状态,保持的还是道家的基本立场。

圣人不得已而临天下,以万物为心,在宥①群生;由身以道,与天下同于自得。穆然②以无事为业,坦尔③以天下为公。虽居君位,飨万国④,恬若素士接宾客也。虽建龙旗⑤,服华衮,忽若布衣之在身。故君臣相忘于上,蒸民⑥家足于下,岂劝百姓之尊己,割天下以自私,以富贵为崇高,心欲之而不已哉!(《嵇康集·答难养生论》)

【注释】

①在宥:来源于《庄子·在宥》:"闻在宥天下,不闻治天下也。"郭象注:"宥使自在则治,治之则乱也。"成玄英疏:"宥,宽也。在,自在也……《寓言》云,闻诸贤圣任物自在宽宥,即天下静谧。""在"是自在的意思,"宥"是宽容的意思,以"在宥"指任物自在,无为而化。反对人为,提倡自然,阐述无为而治,后来多用以赞美帝王的"仁政""德化"。②穆然:安静坦然。③坦尔:与穆然意思接近,坦然的样子。④飨:通"享"。飨国:即享国,享有其国,指在王位。⑤龙旗:画有两龙蟠结的旗帜,天子仪仗之一。后以龙旗象征王权。

⑥蒸民：众民，百姓。

【今译】

古代圣人在并没有尽力追求的情况下成为王，君临天下，他们能够包容天地之间的万事万物，对待所有生命能够任其自在，无为而化；身怀大道，与天下的人自得其乐。安然得好像没有什么事业，坦然得把天下看成大家的。虽然高居君主之位，万国都在他的统治之下，却恬淡得像处士接待宾客一样接待万国来朝觐。虽然外面树立着龙旗，身上穿着华美多彩的礼服，毫不在意，就跟穿着粗布衣服一样。因此，君臣在统治者的地位上互相忘记自己身份的尊卑，老百姓在被统治的位置家庭富裕满足，哪里有必要教导老百姓尊贵自己，宰割天下人来达到自己的自我私利，把富贵当做崇高的目标来追求，内心的欲望没有止息！

【时析】

这是嵇康针对君的一番说教，让君清心寡欲，以天下为公，莫为私。这更是幻想，在不"太平"的世界，希望君临天下的不"割天下以自私"。这显然是一厢情愿的空谈，没有多少实际意义。因为他不能提出：如果君不为公，专为私怎么办？或者说，必须要想出一个制度，把君也要像约束民那样约束起来，不能让君毫无约束地为所欲为。中国历史的可悲、可叹之处就在于大家都在期盼着明君贤臣的出现，思想家们琢磨出了数不胜数的如何做明君贤臣的教义，去宣扬，去规劝，但几千年过去了，明君贤臣寥若晨星，即使有那么几个，对中国历史的进步贡献毕竟有限，很少有人去做根本制度建设方面的思考，所以至今我们仍然是一个不注重制度建设，而崇尚伟人贤人治理的国家，特别在民主制度方面需要做的事还很多。

君子出其言，善则千里之外应之，岂在于多欲以贵得哉？奉法循理，不絓①世网，以无罪自尊，以不仕为逸。游心②乎道义，偃息③乎卑室。恬愉无遌④，而神气条达⑤。岂须荣华，然后乃贵哉？耕而为食，蚕而为衣，衣食周身，则余天下之财。犹渴者饮河，快然以足，不羡洪流。岂待积敛，然后乃富哉？（《嵇康集·答难养生论》）

【注释】

　　①绁(guà)：绊住，挂碍。②游心：就是庄子的逍遥无待。当然不是指人的肉身不受物理的条件限制去遨游天与地，而是指精神上打破了知性的遮蔽，摆脱了名利的纷扰和诱惑，让我们的心灵自由逍遥的境界。③偃息：休养，歇息。④遌(è)：抵触。⑤条达：即调和畅达。

【今译】

　　君子虽然居住在自己的家里面，但其语言所传达的善意会在数千里之外得到感应，岂在于有过多的欲望才变得尊贵呢？尊奉礼法，遵循物理，不为世俗的网罗所羁绊，以没有罪错而显得自尊，以不入仕而逸然自得。心灵与道义自由遨游，休养在低矮的住室。恬静愉快，没有抵触的情绪，精神气色调和畅达。哪里必须有荣华，然后才能尊贵啊？耕种是为了自己食用，桑蚕是为了自己穿衣，衣食满足了自己的身体，其余的就都是天下的财物了。就像渴了的人在河边饮用河水，喝得畅快就满足了，并不美慕滔滔洪流。怎么能说只有积敛大量钱财，然后才算是富足呢？

【时析】

　　稽康从君子的善言可能对社会造成的积极影响出发，说明权势并不能使人真正地尊贵。真正的尊贵是尊奉礼法，遵循物理，不受世俗之见的束缚，无罪而自尊，不仕而逸然。心灵与道义遨游，心情恬静愉快，没有不良的情绪，神气畅达。这些都是精神方面的追求。至于对待身体，自力更生，丰衣足食，不需要多余的财物，这些是物质上的追求。能够做到这些，也就是至人了。如果让他治理天下，必定是一幅和谐、宁静、太平的景象。这种注重精神和心理追求，把物质的需求放在最低水平的观点，显然是受了道家的影响，也是稽康对当时一些世家大族骄奢淫逸、腐败无耻、精神空虚、行尸走肉一般生活方式的批判和讽刺。

　　君子之治，本诸身者也；至人①之治，因乎人者也。本诸身者取必于己，因乎人者恒顺于民，其治效固已异矣。夫人之与己，不相若也。有诸己矣，而望人之同有；无诸己矣，而望人之同无。此其心非不恕也，然此乃一身之有无也，而非通于天下之有无也，而欲为一切有无之法以整齐之，惑

也。于是有条教之繁，有刑法之施，而民日以多事矣。其智而贤者，相率而归吾之教，而愚不肖则远矣。于是有旌别淑慝②之令，而君子小人从此分矣。岂非别白太甚，而导之使争乎？至人则不然，因其政不易其俗，顺其性不拂其能。(《焚书·杂述·论政》)

【注释】

　　①至人：古时具有很高的道德修养、超脱世俗、顺应自然而长寿的人。②旌别：识别，甄别。淑慝：善恶。

【今译】

　　君子的治理天下，本来在于自身；至人的治理天下，根据人而治。前者一定取决于自己，后者永远顺从人民，其治理的效果是不一样的。别人和自己是不一样的。自己有的，希望别人也有；自己没有的，也希望别人没有。这种想法并不是不可以原谅，然这只是一个人的有无，决不同于天下的有无，而想用要求有无的方法来使它整齐那就错了。如这样的增加条教的数目，施用刑法，而人民一天一天地多事起来。那些聪明而贤德的人，相继归从我的教化，而那些愚蠢不才的人则远远地离开了。于是就有甄别善恶的命令，君子小人从此就分开了。难道这样分开不太明显了而导致他们纷争吗？至人的治理就不是这样的，至人因袭着有效的政治方式但并不改变他们的风俗，顺应民之性情而不压制他们的才能。

【时析】

　　李贽是中国明代后期著名的反叛性格的思想家，在反对宋明理学的过程中形成了他的政治思想。从人性多元的观点出发，李贽得出政治多元化的推论，他称尊重个性的政治为"至人"之治，反对儒教的"君子"之治。他认为"君子"之治是以自己为标准要求别人"同有，同无"，即"道一途，性一种"；"至人"之治则是"因乎人者也"，顺乎自然，顺乎世俗民情，即"因其政不易其俗，顺其性不拂其能"，不改变人民的个性和风俗，对人民的社会生活不干涉或少干涉，尽量发挥人民的个性和能力。李贽的"至人"比墨子的"兼君"有飞跃性进步，以人代君，皇帝扔到一边去，有反封建专制的积极意义。

吾闻至道无为，至治无声，至教无言。(《焚书·杂述·送郑大姚序》)

【今译】

我听说最好的道理是无为之道，最好的治理是无声之治，最好的教化是无言之教。

【时析】

李贽针对明王朝的腐败政治提出了自己的理想政治。他认为人类社会之所以常常发生动乱，是统治者对社会生活干涉的结果。因此，他从老子那里汲取了智慧，宣扬无为政治。

天下大同

公平太平

　　无偏无陂，遵王之义^①；无有作好^②，遵王之道；无有作恶，遵王之路。无偏无党，王道荡荡^③；无党无偏，王道平平^④；无反无侧^⑤，王道正直。（《尚书·洪范》）

【注释】

　　①无：不要。陂：不正。义：法。②好：私好，偏好。③荡荡：宽广的样子。④平平：平坦的样子。⑤反：违反。侧：倾侧，指反法度。

【今译】

　　不要有任何偏颇，要遵守王法；不要有任何私好，要遵守王道；不要为非作歹，要遵行正路。不要偏私，不结朋党，王道宽广；不结朋党，不要偏私，王道平坦；不违反王道，不偏离法度，王道正直。

【时析】

　　无偏颇、无好恶、不结党营私、不违反法度，这些都是如何规范社会行为的问题，或者说如何纠偏匡正的问题，王道荡荡、王道平平、王道正直，则是一种政治与社会的理想状态，这种理想状态是人人所期望的，如此才成为公共的准则。尽管可以说没有哪个人能够完全地破除个人的偏颇和好恶，可是只要有正义感的人们，都一定要寻找这个规则，并拿这些准则来衡量和约束自己的行为，而大家都这么做，社会的正气就能树立起来，就可能产生那种理想状态。

　　谨权量^①，审法度^②，修废官^③，四方之政行焉；兴灭国，继绝世，举逸民，天下之民归心焉。所重：民、食、丧、祭。宽则得众，信则民任焉，敏则有功，公则说^④。（《论语·尧曰》）

天下大同

一一一

天
下
大
同

【注释】

①权:秤锤。量:斗斛。谨权量就是认真整顿量衡使之统一公平。②法度:泛指一切礼乐制度。③官:官职。④说:通"悦"。

【今译】

谨慎地审查度量衡器,周密地制定礼乐制度,修复已经废弃了的官职,四方的政令就会通行了;复兴灭亡了的国家,接续断绝了的世族,举用遗落了的人才,天下的民心就会归附了。所重视的四件事:人民、粮食、丧礼、祭祀。宽厚就能得到众人的拥护,诚信就能得到别人的任用,勤敏就能取得功绩,公平就会使百姓高兴。

【时析】

孔子从民众、经济、礼乐法度等方面对执政者提出了具体要求,最后归结到公正,体现了儒家追求社会公正的思想,对今天的社会治理有重要的启示。

以德就列,以官服事,以劳殿赏①,量功而分禄。故官无常贵,而民无终贱。有能则举之,无能则下之。举公义,辟②私怨,此若言之谓也。(《墨子·尚贤上》)

【注释】

①殿:通"定",确定。②辟:排除,消除。

【今译】

古代圣王施政,以品德安排官位,以官职大小授予相应的权力,按付出的劳绩确定奖赏,按功勋大小分发俸禄。所以,官吏没有永远富贵的,平民百姓也不会终身贫贱。有才能的就拔举他们,没有才能的就撤掉他们。选拔大家公认有"义"的人,消除私怨成见,说的就是这个道理。

【时析】

这就是说,"以德就列""列德而尚贤"是选拔人才的唯一标准。在这个标准面前,人人平等,不管你的出身高贵还是卑贱,"官无常贵,而民无终贱。有能则举之,无能则下之"。这反映了小生产者企图提高自己的政治地位、参与国家管理的要求，无疑是对贵族血统论的猛烈冲击，也是对平庸无能之辈的鞭挞，同时也对平民百姓中的人才是一个很大的鼓舞。

> 丘山积卑而为高，江河合水而为大，大人合并而为公①。是以自外入者②，有主而不执③；由中出者④，有正而不距⑤。四时殊气，天不赐⑥，故岁成；五官⑦殊职，君不私，故国治；文武【殊才】⑧，大人不赐，故德备；万物殊理，道不私，故无名。无名故无为，无为而无不为。(《庄子·则阳》)

【注释】

　　①大人：有道的人。合并：合并众人。②自外入：听别人的言论。③主：主见。执：固执。④由中出：出于自己的意见。⑤正：正理。距：通"拒"，指拒绝听取别人的意见。⑥赐：偏私。⑦五官：司徒、司马、司空、司士、司寇。⑧据宣颖《南华经解》本补。

【今译】

　　丘山是积累低卑而成为高山的，江河是汇合许多支流而成为大川的，得道的人是合并众人的意见才成为公的。所以，道理从别人那里吸收到自己心中，有主见而不固执成见；道理由自己内心说出，虽正确而不拒绝别人的意见。四时有不同的气候，天不偏私某个季节，所以岁序形成；五官有不同的职责，君主不偏私某一官职，所以国家才能得到治理；文武有不同的才能，大人不偏私某一方，所以文治武功之德齐备。万物有不同的情理，天道不偏私某物，所以没有定名。无所定名就无所作为，无所作为也就无所不为。

【时析】

　　意思是说，"公"是采纳各方的意见才形成的。四时有不同的气候，天不偏私，所以形成岁序；五官有不同的职分，君不偏私，所以国家安定；文武官员有不同的才能，大人不偏私，所以德性完备。其中心意思是强调不能偏私。只有不偏私，出于公心，处事公正，才能治理好天下。

> 顾臣愿有请于君：由君之意，自乐之心，推而与百姓同之，则何殣①之有！君不推此，而苟营内好私，使财货偏有所聚，菽粟币帛腐于囷府②，惠不遍加于百姓，公心不周乎万国，则桀纣之所以亡

也。夫士民之所以叛，由偏之也。君如察臣婴之言，推君之盛德，公布之于天下，则汤、武可为也。（《晏子春秋·外篇上》）

阆苑女仙图

【注释】

①殣：饿死的人。②囷府（qūn fǔ）：国家库藏钱粮物资的处所。

【今译】

只是我请求您：用您这种心，自我享乐的心，推广开来与老百姓共同享受，那怎么能有饿死的人呢！您不推广恩德，只顾自己和周围的人，让财货只聚集在您这一边，让粮食布帛在仓库中腐烂，恩惠不能遍及老百姓，公心不能遍及全国，这就是夏桀和殷纣王灭亡的原因。官民反叛的原因，就是由于国君偏私恩德。您如果明察我的话，推广您的大德，遍及到天下，那么商汤周武王的功绩也可以赶得上。

【时析】

晏子的这段话，很清楚地表明了一种希望做到社会均平公正的思想。晏子认为，国君的恩惠不能普遍地给予百姓，公心不能遍及诸国，是夏桀和殷纣灭亡的原因。士人百姓的众叛亲离，是由于国君偏心的缘故。因此，他希望齐景公能够推广自己的美德，使公心遍布于天下，成为像成汤和周武那样的

圣君。晏子所讲的恩惠遍加于百姓,公心周于万国,实际上就是要无偏无私,
实现社会的均平和公正。

一言得而天下服^①,一言定而天下听^②,公之谓
也。(《管子·内业》)

【注释】

①得:合适。服:服从。②定:决定,确定。听:听命。

【今译】

一言可以使天下人服从,一言可以使天下人听命,这是言出于公的缘故。

【时析】

这里强调"公"在治理国家天下过程中的极端重要性,一个统治者如果能
够"公平""公正",他的话就可以使天下人唯命是从,政令当然是畅通无阻了。

地者政之本也,是故地可以正政也。地不平均
和调,则政不可正也。政不正则事不可理也。(《管
子·乘马》)

【今译】

土地是国家政事的根本,因此可利用土地以调整政事。土地的分配和租
税不合理,国家政事就得不到整治。国家政事得不到整治,就无法管理农业
生产。

【时析】

中国古代是以农耕为主的社会,农业生产对政治有基础性的作用,法家
特别强调耕战。《管子》在这里强调土地对于为政治国的重要性,重视土地的
占有使用对民力的影响,认为必须采取"正地"措施,调动农民进行农业生产
的积极性。"地者政之本"的思想对中国古代的政治影响很大。

言而语道德忠信孝弟^①者,此言无弃者。天公
平而无私,故美恶莫不覆;地公平而无私,故小大
莫不载。无弃之言,公平而无私,故贤不肖莫不

用。故无弃之言者，参伍于天地之无私也。故曰：有无弃之言者，必参之于天地矣。(《管子·形势解》)

【注释】

①弟:通"悌"，尊敬兄长。

【今译】

一说话就讲道德忠信孝悌的，这话没有可废弃的。天公平而无私，所以美与恶没有不覆盖的；地公平无私，所以小与大没有不兼载的。不可废弃的话，公平而无私，所以贤与不肖没有谁不利用。所以，不可废弃的话，和天地的无私一样。所以说:这些不可废弃的话，一定和天地的无私相比及。

【时析】

天地自然的德性都是平均的,它们覆盖承载万物,无有偏私,无不公平。人类社会应该效法自然天地之德性,要讲讲道德忠信孝悌这些没有可废弃的话,以公平而无私为确定不移的社会理念。我们今天的人受到西方征服自然、凌驾自然之上的观念影响,对自然的德性也就不会有什么尊重,更谈不到效法了,所以就出现了诸多的社会不公正现象。因此,《管子》的这些思想仍然具有现实意义。

子夏曰："三王①之德，参于天地②，敢问何如斯，可谓参于天地矣？"孔子曰："奉三无私以劳③天下。"子夏曰："敢问何谓三无私？"孔子曰："天无私覆，地无私载，日月无私照，奉斯三者以劳天下，此之谓三无私。"(《礼记·孔子闲居》)

【注释】

①三王:禹、汤、周文王。②参与天地:德与天、地并立为三。③劳:慰勉。

【今译】

子夏说:"禹、汤、周文王的德行可以与天地并立为三,请问老师,怎么样理解德行与天地并立为三呢?"孔子说:"三王是能够奉行三无私慰勉天下的人。"子夏说:"请问什么叫做三无私?"孔子说:"像上天无私地覆盖大地,像大地无私地负载万物,像日月无私地照耀各地。三王是能够奉行这三个方面慰勉天下的人,这就叫做三无私。"

【时析】

　　所谓"奉三无私",即要求为政者与天地同心,有"天""地""日月"对世间万物的"无私"气度和胸怀,并以"无私"之心服务于天下。"天无私覆,地无私载,日月无私照",是天道之至公;人间圣王"奉三无私以劳天下",是人间圣王所行之王道。天道之至公与人间圣王所行之王道,均无私而已。早期儒家所追求的"无私",是天道之至公与人间圣王所行之王道的统一,是早期儒家的最高道德境界,是孔子"大同"理想的重要内容。但是,它的最大特点是过高、过远、太难以企及,用《孔子闲居》的话来讲就是"峻极于天",可望而不可即。

公平者,职之衡也①;中和②者,听之绳也。
（《荀子·王制》）

【注释】

　　①职:当是"听"字之误(刘台拱说)。衡:秤,引申指准则。②中和:适中和谐,指处理政事时宽严适中,有适当的分寸。

【今译】

　　公正,是处理政事的准则;宽严适中,是处理政事的准绳。

【时析】

　　对一个执政者来说,政事繁复,变化多端,但若能有一些基本准则,就好办多了,可以以简御繁,游刃有余。公平、中和就是这样的准则。对今天的政治以及工商企业管理也有参考意义。

故明主之治国也,适其时事以致财物,论其税赋以均贫富,厚其爵禄以尽贤能,重其刑罚以禁奸邪,使民以力得富,以事致贵,以过受罪,以功致赏,而不念慈惠之赐,此帝王之政也。（《韩非子·六反》）

【今译】

　　所以,贤明的君主治理国家,适应时与事而获得财与物,评定赋税来平均贫富,增加爵禄来使臣子竭尽贤能,加重刑罚来制止奸邪,使百姓靠劳力致富,因做事赢得尊贵,因有罪过受到惩罚,因有功绩获得奖赏,而不是去靠仁慈恩惠解决问题,这才是帝王理政的原则。

【时析】

不但儒家,而且法家也有明确的均平思想。韩非认为,"均贫富"是"帝王之政"需要关注的重要方面。与儒家不同的是,法家的均平思想不是理想主义的宏大设计,而是现实主义的具体原则。

目贵明,耳贵聪,心贵智,以天下之目视,则无不见也;以天下之耳听,则无不闻也;以天下之心虑,则无不知也。辐凑①并进,则明不蔽矣。(《六韬·文韬·大礼》)

【注释】

①辐凑:辐条内端集中于轴头。凑:同"辏",会合,聚合。

【今译】

眼睛贵在明察事物,耳朵贵在敏听意见,头脑贵在思虑周详。依靠天下人的眼睛去观察事物,就能无所不见;利用天下人的耳朵去倾听意见,就能无所不闻;凭借天下人的头脑去思考,就能无所不知。四面八方的情况都汇集到君主那里,君主自然就能洞察一切而不受蒙蔽了。

【时析】

君主应"目贵明,耳贵聪,心贵智"是作者提出的一个重要观点。但是,怎样才能做到? 就是要依靠天下人的眼睛去观察,利用天下人的耳朵去倾听,凭借天下人的头脑去思考,也就是充分发挥天下人的聪明才智,使君臣、君民共同治理天下。在古代帝王中,唐太宗李世民在这方面做得最为出色。唐太宗在即位之初,即提出了一个发人深省的问题:什么叫明君、暗君? 魏征回答说:"兼听则明,偏信则暗。"这后来就成为统治者治国行政的至理名言。

利天下者,天下启①之;害天下者,天下闭②之。天下者,非一人之天下,乃天下之天下也。取天下者,若逐野兽,而天下皆有分肉之心;若同舟

而济，济则皆同其利，败则皆同其害。然则皆有启之，无有闭之也。无取于民者，取民者也；无取于国者，取国者也；无取于天下者，取天下者也。无取民者，民利之；无取国者，国利之；无取天下者，天下利之，故道在不可见，事在不可闻，胜在不可知。微哉！微哉！（《六韬·武韬·发启》）

【注释】

①启：打开，开启。此处可理解为敞开胸怀，竭诚欢迎的意思。②闭：关闭，封闭。此处可理解为拒绝、反对的意思。

【今译】

为天下人谋利益的，天下人都欢迎他；使天下人都受害的，天下人都反对他。天下不是一个人的天下，而是天下所有人的天下。夺取天下，就像猎逐野兽一样，天下所有人都有分享兽肉的欲望；也像同坐一条船渡河一样，渡河成功，大家都达到了目的；失败了，大家都遭受灾难。这样做，天下人就都欢迎他，而不会反对他了。不从民众那里掠取利益，却能够从民众那里得到利益；不从别国那里掠夺利益，却能够从别国那里获得利益；不掠夺天下利益，却能够从天下获取利益。不掠取民众利益，民众拥护他，这是民众给予他利益；不掠取别国利益，别国归附他，这是别国给予他利益；不掠夺天下利益，天下拥护他，这是天下给予他利益。所以，这种道理人们往往看不见，这种事情人们往往听不到，这种胜利人们往往不可知。真是微妙啊！微妙啊！

【时析】

这是具体发挥"天下者，非一人之天下，乃天下之天下也"的观点，强调天下是君主与天下所有人共同的天下，君主应该与人民同甘苦，共患难，要为天下人谋利益，而不是贼害天下；不掠夺天下，才能使天下人拥护他，才能有最大的利益。

利天下者，天下启之；害天下者，天下闭之；生天下者，天下德之；杀天下者，天下贼①之；彻②天下者，天下通之；穷天下者，天下仇之；安天下者，天下恃③之；危天下者，天下灾之④，天下者非

一人之天下，唯有道者处之。（《六韬·武韬·顺启》）

【注释】

①贼：敌人，仇敌。②彻：顺从，顺应。③恃：依赖，依靠。④灾之：意为视之如灾星，避之唯恐不及。

【今译】

为天下人谋利益的，天下人就欢迎他；使天下人受祸害的，天下人就反对他；使天下人平安生息的，天下人就把他当成有德的人；使天下人遭到杀戮的，天下人就把他当成仇敌；顺应天下人意愿的，天下人就归附他；造成天下人贫困的，天下人就憎恶他；使天下人安居乐业的，天下人就把他当做依靠；给天下人带来危难的，天下人就把他看成灾星。天下不是一个人的天下，只有掌握了大道的人，才能占有这个治理天下的君主位置。

【时析】

这是在"天下者，非一人之天下，乃天下之天下也"的观点基础上从正反两方面希望君主能够利天下，生天下，顺天下，安天下，而不要害天下，杀天下，穷天下，危天下，强调"唯有道者处之"，只有掌握了大道的人，才真正有资格占有治理天下的君主位置。这就对君主提出了更高的要求，包含着对现实无道君主的批判。

故蓍龟，所以立公识也①；权衡，所以立公正也②；书契③，所以立公信也；度量，所以立公审也；法制礼籍，所以立公义也。凡立公，所以弃私也。（《慎子·威德》）

【注释】

①蓍龟：古人占卜，通常以"蓍龟"为介，其中"蓍"就是蓍草，"龟"就是龟甲。识（zhì）：标志。②权衡：本意是称量物体轻重的器具。权：秤锤；衡：秤杆。正：通"证"，凭证。③书契：正面写字、侧面刻齿以便验对的竹木制券契，是一种有契约性质的文书。

【今译】

所以蓍草灵龟，是用来确立公正标志的；秤锤秤杆，是用来确定公正证据的；文字契约，是用来确立公正凭信的；尺度量具，是用来确立公正详审的；法制礼籍，是用来确立公正礼义的。凡是确立公正的标准，都是为了去掉自私的行为。

【时析】

慎到站在法治的立场上讨论"公"与"私"的问题,对"立公"的观点明确且具体,涵盖了社会生活方方面面,对我们今天仍然有一定的启示。

> 昔先圣王之治天下也,必先公①,公则天下平②矣。平得于公。尝试观于上志,有得天下者众矣,其得之以公,其失之必以偏。凡主之立也,生于公。故《鸿范》③曰:"无偏无党,王道荡荡。无偏无颇,遵王之义。无或作好,遵王之道。无或作恶,遵王之路。"天下,非一人之天下也,天下之天下也。阴阳之和,不长一类;甘露时雨,不私一物;万民之主,不阿④一人。(《吕氏春秋·贵公》)

【注释】

①公:指秉公行事,不徇私情。②平:指国泰民安,天下太平。③《鸿范》:即《洪范》,《尚书》篇名。旧传为箕子向周武王陈述的"天地之大法"。今人或认为系战国后期儒者所作,或认为作于春秋。④阿:迎合,偏袒。

【今译】

过去,先辈圣王治理天下,必定把公正无私放在首位,公正无私天下就安定了。天下安定是从公正无私获得的。试请考察一下古代的记载,曾经取得天下的人相当地多了,他们取得天下必定是凭着公正无私,他们丧失天下必定是由于偏私所致。大凡君主的确立,都是出于公正无私。所以《鸿范》说:"不要偏私,不要结党,王道是多么宽广。不要偏私,不要倾邪,遵循先王的法规。不要滥逞个人偏好,遵循先王的善道。不要滥施个人威怒,遵循先王的正路。"天下不是某一个人的天下,而是天下人的天下。阴阳合和,不只生长一种物类;甘美适时的雨露,并不偏私一种物类;万民的君主,并不偏袒某一个人。

【时析】

古代圣王治天下,首先要讲"公",只有法天下之大公,才能称得上是圣王。

三代以降,社会虽然进入了大道既隐的私有制社会,但是如果君主私欲过分膨胀,以天下为自家的私产,为所欲为,必然成为"一夫",遭到人民的反对和唾弃。所以,中国历代有远见的思想家,都想法说服君主以天下为公,强调天下非一人之天下也,是天下之天下。因此,公则天下平,相反,不公则天下不平。这里提出了一个治理社会的指导原则问题,就是要公正无私,公平无偏,应该建设"无偏无党,王道荡荡"的光明政治。作者的观点是有深刻的理论依据的。那就是"天下非一人之天下也,天下之天下也",天下是公天下,是所有人之天下,所以,每一个社会成员都应该享受到公平的社会待遇,就像大自然"不长一类""不私一物"一样,国君也应该不私一人,对社会成员一视同仁,平均对待,将恩泽播于万家。

> **荆人①有遗弓者,而不肯索②,曰:"荆人遗之,荆人得之,又何索焉?"孔子闻之,曰:"去其'荆'而可矣。"老聃闻之,曰:"去其'人'而可矣。"故老聃则至公矣。天地大矣,生而弗子,成而弗有,万物皆被其泽、得其利,而莫知其所由始,此三皇、五帝之德也。**(《吕氏春秋·贵公》)

【注释】

①荆人:楚国人。②索:寻求,探索。

【今译】

楚国有人丢了一张弓,不肯去寻找,问为什么,他说道:"楚国人丢了,肯定被楚国人捡到了,何必寻找?"孔子听到了这事,说道:"他的话中去掉'楚国'字样就更好了。"老聃听到了这事,说道:"倘然去掉'人'字,不更好吗!"所以老聃最大公无私啊!天地是多么伟大啊,生育了人民却不把他们当做自己的子孙,造就了万物却不据为私有。万物都得到了它的滋润,得到了它的恩利,但是却没有哪一个知道这一切从何而来的。这就是三皇五帝的德操。

【时析】

照《吕氏春秋》的作者看,楚国人"小"因其还有"国"(族)的概念;孔子要比楚国人大,可还是"小",因其还有"人"的概念;老聃最伟大,因其已达到无

"人"的境界，只有"天"（自然）的概念，天遗之，天得之，总量未增未减，"又何索焉"！但是，我们应该看到，老子则是得天遗人，使得"至公"无法落实。

　　天无私覆也，地无私载也，日月无私烛也，四时无私行也。行其德而万物得遂①长焉。（《吕氏春秋·去私》）

【注释】

　　①遂：成。

【今译】

　　天没有偏私的覆盖，地没有偏私的承载，太阳、月亮没有偏私的照耀，一年四季没有偏私的交替。它们施与德泽而使得万物能够顺利长成。

【时析】

　　人之生命得之于天地，天地生人，人生生死死，而天地依然，因其利在天下，德被万世。古代人所说的天地万物，就相当于我们今天所说的大自然。因此，我们应该敬畏大自然，保护大自然。

　　尧有子十人，不与其子而授舜；舜有子九人，不与其子而授禹，至公也。（《吕氏春秋·去私》）

【今译】

　　尧有十个儿子，他不把帝位传给儿子却传给了舜；舜有九个儿子，他不把帝位传给儿子却传给了禹。尧舜是最公正无私的了。

【时析】

　　这分明是告诉人们：尧舜都子众多而都没有把天下传给自己的儿子，而是实行禅让，把天下传给了别的有德行的人，这才显示出他们公正无私的高尚德行，应该为后世帝王效法。

　　古有行大公者，帝尧是也。贵为天子，富有天下，得舜而传之，不私于其子孙也，去天下若遗蹝①。（《说苑·至公》）

天下大同

◇一二三◇

【注释】

①遗躧(xǐ):抛弃破鞋子,形容毫不珍惜。躧:亦作"屣",鞋。

【今译】

古代有能够推行大公的,就是帝尧。帝尧贵为天子,富有整个天下,却不把天下传给自己的儿子,而是找到舜并把天下传给他。这是不私爱自己的子孙,对待统治天下的权力就像抛弃破鞋子一样,毫不珍惜。

【时析】

这里以传说中帝尧的禅让为例子,发挥天下为公的思想,认为禅让即是公平、公正的。

清明上河图(局部)

楚共王出猎而遗其弓,左右请求之,共王曰:"止,楚人遗弓,楚人得之,又何求焉?"仲尼闻之,曰:"惜乎其不大,亦曰:'人遗弓,人得之而已,何必楚也!'"仲尼所谓大公也。(《说苑·至公》)

【今译】

楚共王在出猎的时候遗失了他的弓,左右的随从请求帮他寻找,共王说:"算了,楚人我遗失了弓,会被别的楚国人得到,又何必要寻找呢?"孔子听到这件事,感叹道:"可惜这不是什么大事,还应该推而广之说:'这个人遗失了弓,那个人得到而已,何必提到楚国人呢!'"孔子说的就是所谓大公的意思。

【时析】

在这则寓言中,楚共王认为"楚人遗弓,楚人得之,又何求焉",是以楚人为"公";孔子主张"何必楚也",则是以天下为"公",故孔子为"大公"。可见"公"也有不同的层次,大公就是追求更高层次的"公"。

夫至公者,天之经①也,地之义②也,理之要③也,人之用也。(《全三国文》卷二〇)

【注释】

①经:常道,法则。②义:原则,准则。③要:关键。

【今译】

大公无私是天之常规,地之常理,理之关键,人之需要。

【时析】

本条语录的作者是三国时代的曹羲,曹真之子、曹爽之弟。他认为大公无私贯通于自然及人类社会,是在前人的基础上对这一思想全面、凝练的概括。

公天下之身,公天下之物,其唯至人①矣。(《列子·杨朱篇》)

【注释】

①至人:道德修养达到完美无缺的人。

【今译】

把自己的身体视为天下之身,把自己的财物看做天下之物,只有道德修养达到完美无缺的人才能做到。

【时析】

用今天的话说,就是为天下人献身,为天下人谋利益,这才是伟人。

太者,大也,乃言其积大行①如天,凡事大也,

无复大于天者也。平者，乃言其治太平均，凡事悉
理，无复奸私也。（《太平经·三合相通诀》）

【注释】

①积大行：道教内丹术语之一，指七成当中的"积大行"。七成指七种通向修炼成功的
行为，即宿有缘分、得遇真师、便行实心、作真法、积大行、信忠不退、不逢诸魔七种。

【今译】

太，就是大的意思，说的是它能够像天一样积累很大的善行。在世界上
的事物当中，无论什么事物都大不过天。平的意思，是说治理国家要大平均，
什么事情都能够得到照理，没有奸诈阴私的情况存在。

【时析】

《太平经》追求的理想世界是无灾异、无病疫、无战争、君明臣贤、家富人
足、各得其乐的太平世道，也是道教所追求的社会理想。"太平"就是极大的
和平，极大的平均，极大的公平。一个社会如果能在人与人之间做到公平或
者均平，大家就可以相安无事，不会引起大的矛盾与冲突。

天生人，幸使其人人自有筋力，可以自衣食①
者，而不肯力为之②，反致饥寒，负其先人之体。
而轻休其力，不为力可得衣食，而反常自言愁苦饥
寒，但常仰多财家③，须而后生，罪不除④也。（《太
平经·六罪十治诀》）

【注释】

①自衣食：可以自谋衣食。②为之：做谋衣食的工作。③仰多财家：仰仗有钱人家施
予而生存。④除：去掉。

【今译】

天生养人类，幸而使人们自己都有筋骨力气，可以自谋衣食，但是有些人
就是不肯尽力做谋衣食的工作，反而导致忍饥受寒，辜负了祖先给予他的健
壮的身体。还有的人喜欢轻松地生活，不肯出力做事情，本来有力气可以养
活自己，反而常常诉说自己的忧愁、痛苦、饥饿、寒冷。一些人常常仰仗有钱
人家施予而生存，如果是这样才能生存，他的罪过是没有办法去掉的。

【时析】

　　《太平经》在这里强调，人人应该用自己的双手创造自己的美好生活。这是因为，别人有筋力，你自己也有筋力，既然人人都有筋力，那么人人都应该劳动。如果不劳而获，依靠别人，就有可能好吃懒做，坐吃山空，最后走上犯罪的道路。

　　唯公心而后可以有国，唯公心可以有家，唯公心可以有身。身也者，为国之本也。公也者，为身之本也。（《袁子正书·贵公》）

【今译】

　　只有公心而后才可以享有一国，只有公心而后才可以享有一家，只有公心而后才可以享有一身。身体，是国家的根本。公心，是身体的根本。

【时析】

　　西晋袁准认为君主应该树立公心，只有公心才能享有一国、一家、一身，这就把国家权力与君主的个人身体联系了起来，强调公心是贯穿君主、个人与国家的根本原则。

　　能遗其身，然后能无私，无私然后能至公。
　　（《中说》）

【今译】

　　能够忘记自身利益的人，办事才能无私；只有无私，才能达到最大的公正。

【时析】

　　王通讲的道理很通俗易懂，说明了自我利益与无私和公正是相互密切联系的，其中自我利益能否忘记是无私公正能否落实的基础。

　　夫为人君，当须至公理天下，以得万姓之欢心。若尧、舜在上，百姓敬之如天地，爱之如父母，动作兴事，人皆乐之，发号施令，人皆悦之，此是大祥瑞也。（《贞观政要·灾祥》）

【今译】

作为君主,应当以大公治理天下,这样才能赢得老百姓的欢心。要像尧、舜在位时,老百姓对他们敬畏如天地,爱戴如父母,他们一有什么行动,要做什么事情,人们都乐于响应,他们一发号施令,人们都高兴地听从,这才是最大的祥瑞。

【时析】

这是贞观六年(632年),唐太宗李世民对侍臣说的一段话。怎样赢得民心是统治者非常重视的问题,李世民认为要主持公道,"夫为人君,当须至公理天下,以得万姓之欢心"。只有公正无私,才能不偏不离,树立正气,打击邪恶,赢得民心。这样,施政起来就会像尧舜一样,老百姓对他们敬畏如天地,爱戴如父母。

圣人受命拯溺①,亨屯归罪于己②,因心于民,大明无私照,至公无私亲,故以一人治天下,不以天下奉一人。(《贞观政要·刑法》)

【注释】

①拯溺:救援溺水的人,引申指解救危难。②亨屯:据《易经》,亨为通达顺利,屯为艰难。

【今译】

圣人(即皇帝)受天命来拯救百姓于水火之中,不论是顺利,还是艰难,全要自身承担,把心思全放在百姓身上,就像太阳的光辉普照万物,大公无私,不偏向亲近的人。所以,当皇帝是为了治理天下百姓,而不是让天下百姓侍奉皇帝一个人。

【时析】

这是唐代幽州总管府记室兼直中书省张蕴古于贞观二年给唐太宗的《大宝箴》中的一段话。在那个中国历史上少有的开明帝王面前,这位大臣对皇帝提出了一心为民、大公无私的要求,具有一定的进步性质。清雍正皇帝把最后两句稍微改造了一下,就变为一副对联:"惟以一人治天下,岂为天下奉一人",并悬于紫禁城养心殿内。也许是为了自我标榜,也许是另有其意,但对于一个专制的君主来说,总让人觉得有点虚假,也反映了中国政治明清以后专制主义强化的情况下,君主还不得不利用一下这样的招牌。

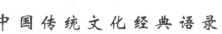

弃金于市，盗不敢取；询政于朝，谗不敢语。天下之至公也。（《化书·谗语》）

【今译】

把金钱抛在街市上，强盗不敢来拿取；皇帝在朝廷上咨询政治方面的看法，那些进谗言的人不敢说话。这才是天下最大的公平公正啊！

【时析】

这是唐末五代道家学者谭峭在《化书》中的一段话，从道家角度表达对天下至公的理解。

俭者，均食之道也。食均则仁义生，仁义生则礼乐序，礼乐序则民不怨，民不怨则神不怒，太平之业也。（《化书·太平》）

【今译】

节俭，是均平食用之道。食用均平人们就会讲仁义道德，讲仁义道德就会形成礼乐秩序，礼乐秩序形成民众也就没有了怨气，民众没有怨气神灵就不会发怒，太平大业就可实现。

【时析】

意思是民以食为天，食用平均就是太平之业的基础。谭峭所处的唐末和五代突出的社会问题，是贫富太不均了，相差得太悬殊了。在这种情况下，他试图通过"俭化"医治社会弊病，寄托了对劳动人民的深切同情，希望用道德说教来规劝统治者实行节俭，通过均食达致太平。但是，这样一种建筑在等级观念上的太平理想，只是一种不切实际的乌托邦式的幻想，反映了他对当时社会问题的解决流于理想化，缺乏实现的社会基础和历史条件。"均食"主张不独是谭峭个人思想的反映，也是当时酝酿在广大下层贫民和起义军中的一股思潮。

世有今古，而理之所在不可易也。有圣君贤相起焉，本先王所以仁民者，竭其心思，揆①以天道，协于时义②，而损益之，其公平均一之道，盖有可

得而求者矣。(《癸巳孟子说》)

【注释】

①揆(kuí):揆度,估量。②协:调和,调整。时义:对时政的见解。

【今译】

时世有今有古,而事物的道理所在是不可能变化的。有圣明的君主和贤能的大臣起来,立足于先王对老百姓施行仁政的事迹,竭尽其心思,以天道为标准进行估量,按照对时政的见解进行调整,再加以减损增益,这样,就可以获得公平均一之道。

【时析】

张栻从理学的视角,论证怎样才能获得公平均一之道,认为这是圣君贤相治理社会的古今不变的大道。

人主苟有均平之心,则虽征役之重,不以为怨。若有不均之心,则虽征役未甚劳苦,而人亦将怨矣。(《毛诗李黄集解》)

【今译】

君主如果有均等公平之心,那么虽然有很重的劳役,老百姓也不会因此而抱怨。如果有不均等公平之心,那么虽然是不怎么苦的劳役,而老百姓也会怨恨。

【时析】

这是宋李樗、黄櫄《毛诗李黄集解》中的一段话,说得很中肯。对中国的老百姓来说,社会的公正、公平和均平,是最基本的最主要的要求,有时甚至是一种心理需求。只要能达到均平,劳役赋税重也可以忍受;反之,如果不均、不公,征役不重也招致民怨,造成社会矛盾。这对我们今天也很有启示,为政是否有公正的理念,先富起来的人是否是在公正的情况下富裕的,这大概是化解中国社会矛盾,构建和谐社会需要优先考虑的根本问题。

仁者以天地万物为一体,故曰天下之公。(《近思录》卷一)

【今译】

仁者能够把天地万物看成有生命的整体，所以说天下之公。

【时析】

该句出自朱熹、吕祖谦编选的《近思录》，反映了理学家对天下之公的认识，他们扩大了天下之公的内涵，从政治学的范畴上升到了哲学的高度，把天地万物一体作为天下之公的形而上学依据。

仁者，天下之公①，**善之本也。**（《程氏易传·复传》）

【注释】

①天下之公：指仁者以天地万物为一体。

【今译】

仁者以天地万物为一体，是世间万善的根本。

【时析】

这条语录把仁与天下之公联系起来，具体指的是以天地万物为一体的大公，是儒家仁政思想的扩展，对今天的和谐世界建设很有启示。

夫道德之运世①**也，不眩民以烦利，则民无所驰其奸求；不促民以烦辱**②**，则民无所忿其耻怨。奸求、耻怨弗行，则嗜欲自简。嗜欲自简则民俗定一。民俗定一，则太平淳朴，雍和淑豫之深至矣。**（《云笈七签·太清神仙众经要略》）

【注释】

①运世：运转世局，这里指治理天下。②辱：通"缛"，繁复。

【今译】

用道德来治理社会，不会拿繁多的利益去诱惑百姓，这样，百姓也就无处施展其非分的追求；不拿烦杂的劳役奴使百姓，这样，百姓也就没有什么愤懑好发泄。非分的追求不兴，怨愤的情绪不行，那么各种贪欲也就自行消减。贪欲自行消减了，民间的习俗就会趋于一致。民俗一致了，那么太平安乐、民风淳朴、雍容祥和、美好安定的社会就会实现。

【时析】

　　这是道教以道家减损嗜欲、我无为而民自化的思想为基础,幻想以道德治理社会所能够达到的状态,贯穿的是太平的理想。环顾今天的世界,由于物质的极大丰富,人们沉溺于物欲而不能自拔造成了诸多的社会政治问题,不能有一个和谐安宁的社会环境,道教的观点也许有一定的启示作用。

至公无私，大同无我，虽眇然①一身在天地之间，而与天地无以异也。（《二程粹言·论道》）

【注释】

　　①眇(miǎo)然:弱小、微小的样子。

【今译】

　　大公无私的人,虽然在天地间显得很渺小,但他的精神却与天地一样没有什么差别。

【时析】

　　杨时在这里把大公无私精神化了,强调这种精神的伟大,可以寄托于天地之间而与天地没有差别。

吾疾①贫富不均，今为汝辈②均之。（《宋史·樊知古传》）

【注释】

　　①疾:痛恨,疾恶如仇。②汝辈:你们。

【今译】

　　我痛恨贫富不均的现象,今天我要为你们均贫富。

【时析】

　　这是北宋王小波在四川起事时对众贫民讲的一句话,第一次提出均贫富的观点,言简意赅地表达了农民对封建等级制度的不满和贫富均平的向往。"均贫富"的口号既是对唐末王仙芝自称"天补均平大将军"所表达的思想意识的发展,也集中反映了当时的社会矛盾,得到了广大贫苦农民的响应,起义军很快发展到数万人。这一思想对以后的农民起义产生了深远影响。

法分贵贱贫富，非善法也。我行法，当等贵贱，均贫富。（《三朝北盟会编》卷一三七）

【今译】

如果法律区分贵贱贫富，就不是善法。我如果执行法律，一定平等贵贱，均平贫富。

【时析】

这是南宋钟相、杨幺起义时打出的口号，不光在经济上提出了均贫富的观点，同时在政治上也提出了等贵贱的思想，并且站在法律的角度来表达自己的观点。他们在中国历史上第一次同时提出了财富上平均和政治上平等的思想，表达了农民渴望解放、过美好生活的强烈愿望。

吾儒事业，不外齐治均平。此是如何景象？若以家道富厚为齐，以天下富强为平，此五霸①之治平，非二帝三王②之治平也。唯是入其家，见其父慈、子孝、兄友、弟恭、夫和、妇顺，方是家齐景象，而家之贫富不与焉。推而一国，必一国兴仁、兴让，而始谓之治，又推而天下，必人人亲其亲而长其长，则天下始平，不在国之富不富，兵之强不强也。以富强为治平，此千载不破之障。（《少墟集》卷七）

【注释】

①五霸：一般指"春秋五霸"。在历史上，对"春秋五霸"有两种不同的说法：一说"五霸"是指齐桓公、宋襄公、晋文公、秦穆公和楚庄王；另一说"五霸"是指齐桓公、晋文公、楚庄王、吴王阖闾和越王句践。②二帝：唐尧、虞舜。三王：夏禹、商汤、周文王。都是儒家理想中的古代圣王。

【今译】

我们儒家的事业，不外乎齐家、治国、均衡、公平。这是一种什么样的情景呢？如果以家道富裕和殷实为齐家，以社会的富有强大为公平，这是五霸的齐治均平之道，不是尧舜和夏禹、商汤、周文王的齐治均平之道。只要到一个人的家里，看到父慈、子孝、兄友、弟恭、夫和、妇顺，这才是家齐的景象，而与这个家是贫是富没有多大关系。由此推衍到一个国家，必须整个国家兴起

踏歌图

仁爱、兴起礼让之风，这样才可以称之为得到治理；又进一步推衍到整个天下，必须人人亲爱自己的亲人，尊敬比自己年长的人，那么天下才可以称之为公平，并不在于这个国家富裕不富裕，兵力强大不强大。把富强作为治国之道，这是千年难破的障碍啊。

【时析】

在冯从吾看来，儒家的"齐治均平"说，完全不是为着家道丰厚、社会富强，而仅在于社会的祥和、秩序与稳定。只要能做到父慈、子孝、兄友、弟恭、夫和、妇顺、兴仁、兴让，家道的贫富、国力的强弱，就不去考虑了。家贫而和，国弱而宁，都不是问题，"均平"所要追求的只是祥和、安宁、稳定与均衡。这里冯从吾显然过分注重儒家伦理道德的秩序，而相对忽视家道的贫富、国力的强弱，是有偏颇的。关于儒家的"均平"思想，从经济学角度说，在中国传统经济

思想中,儒家的"均平"思想不同于农民起义中所提出的"均平"口号:农民起义中所提出的均平贫富,是要求对社会产品的绝对平均主义的分配;而儒家的均平分配则是一种等级制的利益均衡,即主张实行各阶级、各等级间的利益均衡。

政者,民之事也。办民之事,莫若以公而以平。(《新政论》)

【今译】

政务,是老百姓的事情。为老百姓办事,没有什么比以公平原则处事更重要的了。

【时析】

何启、胡礼垣在这里强调,处理政务一定要公平,因为所谓政务就是为老百姓办事,用今天的话说就是为人民服务,不公平怎么行呢?

公与平者,即国之基址①。公者无私之谓也,平者无偏之谓也。公则明,明则以庶民之心为心,而君民无二心矣;平则顺,顺则以庶民之事为事,而君民无二事矣。(《曾论书后》)

【注释】

①基址:基础。

【今译】

公正与平等是治理国家的基础。所谓公就是没有私心的意思,所谓平就是没有偏袒的意思。公正就会明智,明智就会以普通老百姓的心为自己的心,这样,君主与民众就没有二心了;平等就会顺利,顺利就会以普通老百姓的事情为自己的事情,这样,君主与民众的事情就合二为一了。

【时析】

何启、胡礼垣认为,公平是治理国家的基础,并对公平给予最精练的解释,强调只有公平才能使君主与民众同心同德,事业合一,这样,治理天下就不会有什么问题。

天下大同

古之圣人，以公心待天下之人，胙之土而分之国①。(《日知录·郡县论》)

【注释】

①胙(zuò)土:指帝王将土地赐封给功臣宗室,以酬其勋劳。

【今译】

古代的圣人,以公正之心对待天下的人,他们把土地赐封给功臣宗室,使他们分有国家的一部分。

【时析】

说明古代圣人不是把天下作为自己的私产,而是以公正之心对待天下的人。这是顾炎武为了批判当时的封建统治者不断强化封建专制,把整个国家据为一己的私产而说的。

天地之道故平，平则万物各得其所。……不平以倾天下也。(《潜书·大命》)

【今译】

公平是天地之道,正因为公平,天地之间的万物才能各安其位,各得其所。……不公平天下就会倾倒。

【时析】

唐甄在这里揭示了天地之道的本质特性,即公平。不言而喻,人间治理之道也应该效法天地之道,国家才能长治久安。

惟人人皆公，人人皆平，故能与入大同也。(《礼运注》)

【今译】

只有在人人做到公正,人人做到平等的情况下,才能使得每一个人一同步入大同世界。

【时析】

康有为在这里强调的是大同世界必须遵循的公正、平等的基本原则。

公者，人人如一之谓，无贵贱之分，无贫富之等，无人种之殊，无男女之异。（《礼运注》）

【今译】

公的意思，是说人人都一样，没有贵贱的分别，没有贫富的等差，没有人种的不同，没有男女的差异。

【时析】

这是康有为对"公"的解释，强调的是人与人之间消泯了各种差别。这实际上是一种空想，与儒家承认合理的现实差别不同，大概是受到近代西方空想社会主义者的影响而提出的观点。

参考文献

周振甫.诗经译注.北京:中华书局,2002.

陈鼓应.老子注译及评介.北京:中华书局 1984.

陈鼓应.庄子今注今译.北京:中华书局 1994.

孙希旦.礼记集解.北京:中华书局,1989.

王聘珍.大戴礼记解诂.北京:中华书局,1983.

朱熹.四书章句集注.北京:中华书局,1983.

程树德.论语集释.北京:中华书局,1990.

杜预.春秋左传集解.上海:上海人民出版社,1977.

杨伯峻.春秋左传注.北京:中华书局,1990.

杨伯峻.孟子译注.北京:中华书局,1980.

国语.上海:上海古籍出版社,1988.

史记.北京:中华书局标点本.

汉书.北京:中华书局标点本.

后汉书.北京:中华书局标点本.

赵守正.管子注释.南宁:广西人民出版社,1982.

林尹注译.周礼今注今译.北京:书目文献出版社,1985.

蒋礼鸿.商君书锥指.北京:中华书局,1986.

杨伯峻.列子集释.北京:中华书局,1979.

梁启雄.荀子简释.北京:中华书局,1983.

陈奇猷.韩非子集释.上海:上海人民出版社,1974.

陈奇猷.吕氏春秋校释.上海:学林出版社,1984.

王连生,薛安勤.晏子春秋译注.沈阳:辽宁教育出版社,1998.

王利器.文子疏义.北京:中华书局,2000.

盛冬铃.六韬译注.石家庄:河北人民出版社,1992.

黄怀信.鹖冠子汇校集注.北京:中华书局,2004.

钟肇鹏,周桂钿等合撰.春秋繁露校释.济南:齐鲁书社,1994.

阎振益,钟夏.新书校注.北京:中华书局,2000.

王利器.新语校注.北京:中华书局,1986.

何宁.淮南子集释.北京:中华书局,1998.

王明.太平经合校.北京:中华书局,1960.

蒋力生等.云笈七签校注,北京:华夏出版社,1996.

王明.无能子校注.中华书局,1981.

吴兢.贞观政要.上海:上海古籍出版社,1999.

刘永海等.化书校注译论.北京:中国工人出版社,2002.

康有为.礼运注,孟子微,中庸注,合刊.北京:中华书局,1987.

康有为.大同书.郑州:中州古籍出版社,1998.

陈正焱,林其锬.中国古代大同思想研究.香港:中华书局香港分局,1988.

侯外庐编,张岂之等执笔.中国历代大同理想.北京:科学出版社,1959.

陈寒鸣.中国理想社会探求史略.延吉:延边大学出版社,2003.

跋

王 军

　　2007年春,有幸拜读了叶国华先生主编、香港耀中出版社出版的《论语今译时析》。此书是香港耀中教育机构学习继承中国传统文化的基本参考图书之一。读后感受良多,因而产生了以中华人文经典为素材,以主题为线索,以语录为体裁编一套丛书的想法。在与西安出版社社长、编审张军孝先生和陕西师大国际汉学院院长、教授陈学超先生进行多次认真磋商和交流探讨中,碰撞出一些火花,使意念逐渐成为工作目标。紧接着,请学超先生草拟了一个初步编写设想,又约请香港同仁一起讨论,对初步编写方案提出了建设性的意见。鉴于编写好《中国传统文化经典语录》任务艰巨,颇有难度,军孝先生建议请著名史学家、教育家张岂之先生担纲。张先生听了我们的动议后,非常兴奋,并愉快地答应主持编写这套丛书。随后,由张岂之先生主导召开了三次大型的专家讨论会,形成了具体的、操作性很强的意见。岂之先生自始至终参与了编写大纲、选题、选人和初审、终审的全过程。叶国华先生在百忙中,专门召开了黄山会议,对全书的编辑和出版发行工作提出了中肯意见,并派出学养深厚的中西学者参与了策划编辑全过程。可以说,他们二位主编可不是只挂名的。

　　主编之一的张岂之先生是我国著名的史学家、教育家。作为侯外庐学派主要的学术薪火传人,张先生在中国思想史、中国哲学史、中国学术史等诸多领域,取得了令人瞩目的成就。如果没有张岂之先生的亲自主导,全面启动编写工作并达到预期的质量要求是不可想象的。另一位主编叶国华先生是香港著名的实业家和教育家，他对中国传统文化不仅酷爱有加，而且感悟深刻。同时，他还不遗余力地为弘扬中国优秀文化而坚持不懈地在世界各地奔走，十分令人敬佩。

我真切地期望，广大读者通过这套丛书，体会中国文化的独特魅力，感悟中国优秀文化中具有普世价值的名言名句在推动世界多元文化发展中的地位和作用。期望《中国传统文化经典语录》在继承中国优秀传统文化，建设社会主义核心价值体系，建设中华民族共有精神家园方面，起到范本的作用，并持久地传诵下去。

2008 年 6 月 5 日于西安浐灞

天下大同